DIE BIBEL

GESCHICHTE UND KUNST ZUM BUCH DER BÜCHER

TEXT
GIANNI GUADALUPI

Redaktion
Valeria Manferto De Fabianis

Redaktionsassistenten
Laura Accomazzo
Giada Francia
Enrico Lavagno
Federica Romagnoli

Grafische Gestaltung
Clara Zanotti

Layout
Patrizia Balocco Lovisetti

Übersetzung aus dem Englischen
Susanne Kattenbeck

1 Die Geburt der Jungfrau Maria, Antiphonale aus dem 16. Jahrhundert, Kollegiatkirche Santa Maria Impruneta

2–3 Die Erschaffung Adams, *Michelangelo Buonarroti, Sixtinische Kapelle, Vatikan*

4–5 Mariä Verkündigung, *Leonardo da Vinci, Öl auf Holz, um 1475, Florenz, Uffizien*

INHALT

Via C. Sassone 22/24
13100 Vercelli, Italien

2003 Herausgegeben in Deutschland von
Verlag Karl Müller GmbH
www.karl-mueller-verlag.de

ISBN 3-89893-086-6

Gedruckt in Italien
Lithos: Fotomec, Turin

EINLEITUNG

6 Moses, Michelangelo Buonarroti, um 1515, Rom, San Pietro in Vincoli. Der leidvolle Gesichtsausdruck der Statue ist typisch für die bedeutendsten Werke des Meisters.

7 Juden, Christen und Muslime glauben, dass Moses auf dem Gebel Musa (Mosesberg) im Sinai von Gott die Zehn Gebote empfing.

Dieses Buch verwendet Worte und Bilder, die die Geschichten und Orte der Bibel zum Leben erwecken. Man kann es in gewisser Weise mit den mittelalterlichen Weltkarten der Christenheit vergleichen, die Ordnung in die konfuse, noch wenig bekannte Geographie brachten, um den Ansprüchen der Theologie gerecht zu werden. Man strukturierte und klassifizierte das Weltbild, damit die Weisen unter den Menschen Gottes Pläne in der Kartographie erkennen konnten. Ebenso wie jene mittelalterlichen Karten ist dieses Buch in konzentrische Kreise unterteilt. Der äußere Ring umfasst das Paradies auf Erden, Noahs Berg Ararat, das Babylon des anmaßenden Turms zu Babel und das Ägypten der Zehn Plagen; der innere Ring umschließt den schmalen Streifen Land, der als Palästina bekannt ist, ein Land, dessen Unglück darin liegt, dass drei Religionen in seine Geschichte verstrickt sind. Im Zentrum befindet sich Jerusalem, Dreh- ... jüdischen und der christlichen Welt: der Tempel und das Heilige Grab, das Kreuz und die Menora. Bedeutende und weniger bedeutende Figuren, die die kollektive Fantasie des Westens seit mehr als 2000 Jahren beflügeln, bewegen sich wie Schauspieler auf einer Bühne in diesem riesigen Gebiet, das sich über weite Teile des Nahen Ostens erstreckt, vom Nil bis zum Euphrat vom Garten Eden bis Golgatha. Zu ihnen gehören Vorfahren und Patriarchen, Propheten und Apostel, Abraham und Isaak, Joseph und seine Brüder, Moses und die Zehn Gebote, Josua und die Mauern von Jericho, Simson und die Philister, David und Goliath, der weise Salomo und Johannes der Täufer.

Im Lauf der Jahrhunderte hat man mit den unvergänglichen Geschichten der Bibel einen einzigartigen ikonographischen Schatz zusammengetragen. Stilistisch wurden sie stets auf den neuesten Stand gebracht, damit sie dem Geschmack der Zeit entsprachen. Mit unvoreingenommener Hingabe an die Kunst erweist dieses Buch jenen Werken Reverenz;

8 Auf der Flucht nach Ägypten *schmiegt Maria sich an das ruhende Kind. Gemälde aus dem Jahr 1593, Michelangelo da Caravaggio, Rom, Galleria Doria Pamphili.*

9 In der Pietà *ist die dramatische Begegnung zwischen Humanitas und Christus dargestellt, Giovanni Bellini, 1460, Pinakothek im ehemaligen Jesuitenkolleg Brera, Mailand*

von frühen christlichen Mosaiken bis zu manieristischen Fresken, von den Illuminationen der Stundenbücher bis zu den Gemälden der Symbolisten und der Vorgänger Raffaels. Neben den berühmtesten, weniger berühmten und weitgehend unbekannten Kunstwerken entführen moderne Fotos den Leser an jene Orte, an denen die überlieferten Ereignisse – tatsächlich oder vermutlich – stattfanden. Der Vergleich von Fantasie und Realität, einer Vergangenheit, die zur Legende wurde, mit einer Gegenwart, die gelegentlich unerforscht ist, birgt oftmals Überraschungen.

Das Buch liefert weder eine wissenschaftliche Untersuchung zu den biblischen Geschichten, die tradiert sind, noch stellt es alternative Stätten vor, an denen sich verschiedene Episoden nach jüngsten archäologischen Entdeckungen ereignet haben könnten. Es akzeptiert und gibt lediglich das wieder, was in der Bibel steht, wobei es jene Geschichten gewissermaßen als Sekundärliteratur untermauert und ausschmückt, denen Details fehlen. Der Leser findet Erzählungen aus dem Alten und dem Neuen Testament ebenso wie Episoden, die aus anderen Büchern stammen. Derartige Werke sind oftmals eher unbekannt oder nur schwer zu bekommen, wie zum Beispiel die unschätzbaren *Antiquitates Judaicae* von Josephus Flavius und die Schriftstücke der vielen Christen, die das Heilige Land zwischen dem 4. Jahrhundert und der Zeit der Kreuzzüge bereist haben. Jene Menschen waren an den heiligen Orten der jüdischen und christlichen Überlieferung, mit denen die Erbauung von Kapellen, Kirchen, Basiliken und Klöstern legitimiert wurde.

Die Seiten dieses Buches sind mit Wundern gefüllt. Es folgt den Spuren des auserwählten Volkes vor und nach der Ankunft des Messias, wirft einen anderen, interessierten und ungewöhnlichen Blick auf die Bibel und regt hoffentlich die topographische Interpretation des Buches der Bücher an. Der Leser ist eingeladen zu einer Reise durch das Labyrinth der Heiligen Schrift.

DAS ALTE TESTAMENT

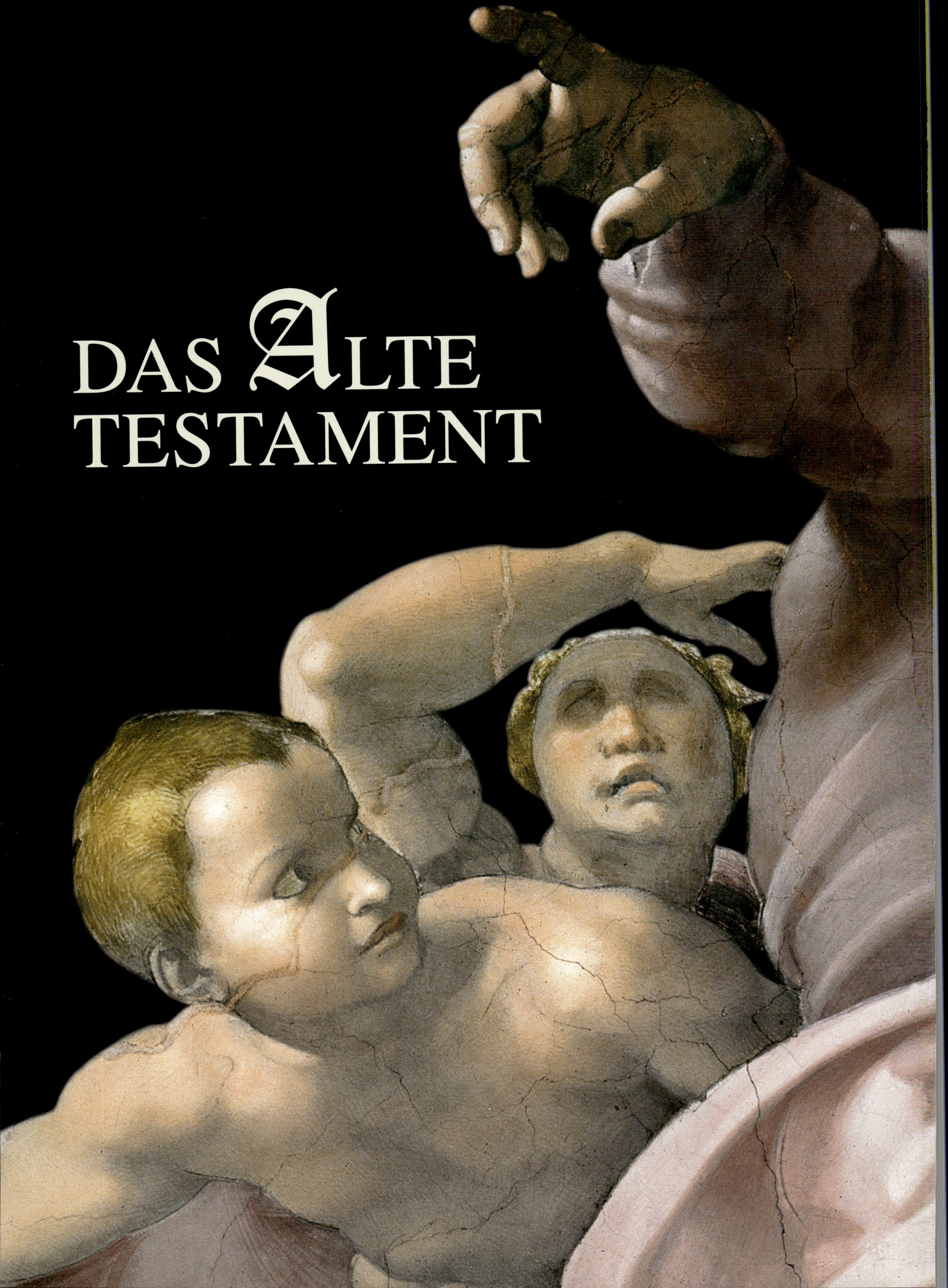

VON ADAM BIS NOAH

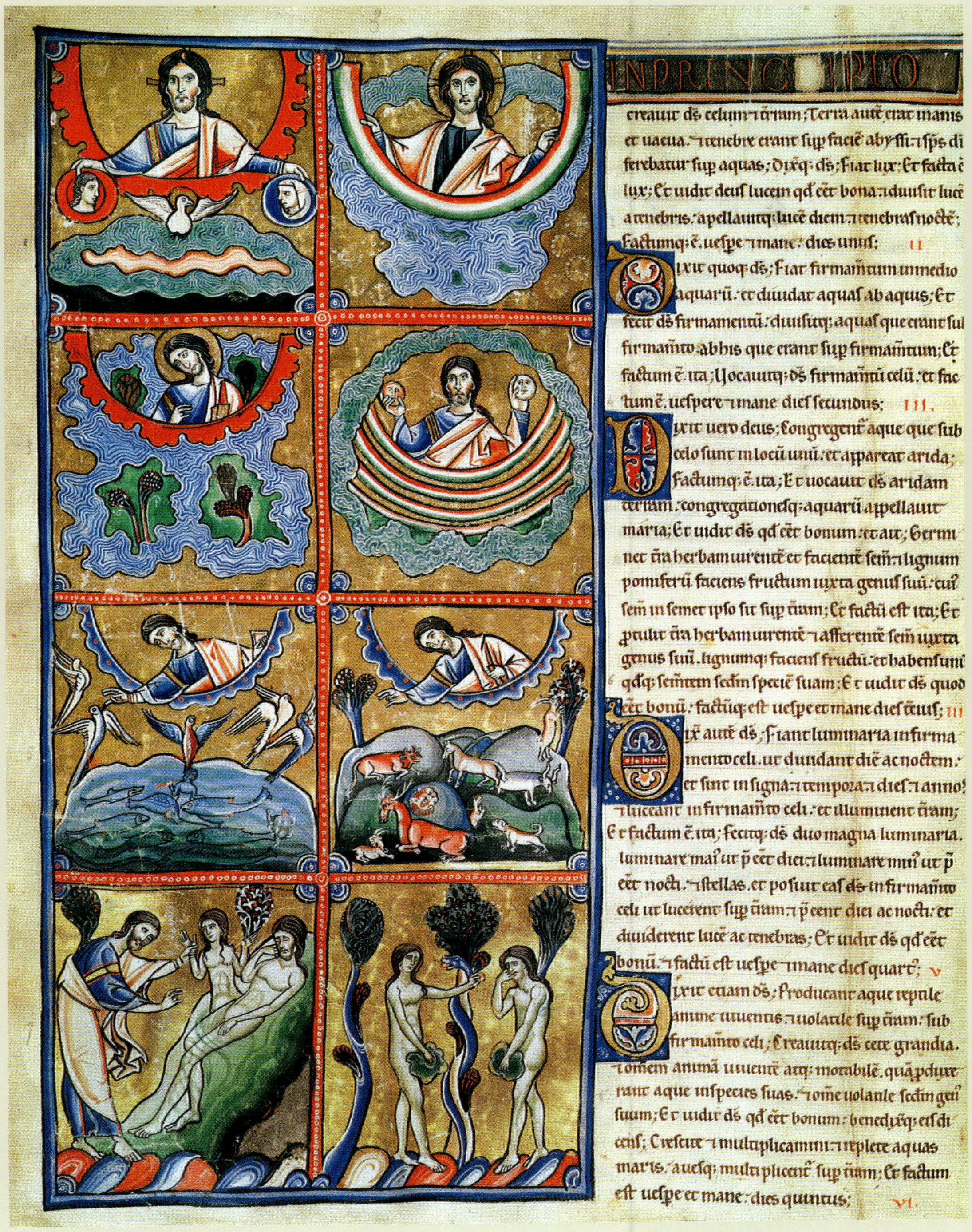

10-11 Dieses großartige Gemälde in der Mitte des Gewölbes der Sixtinischen Kapelle verweist auf die Omnipotenz Gottes, der am dritten und vierten Tag der Schöpfung Pflanzen und Himmelskörper schuf.

12 Gottvater bemisst mit dem Zirkel die Welt. Die illuminierte Seite aus der Bible moralisée, die im 13. Jahrhundert in Reims, Frankreich, angefertigt wurde, erweckt den Eindruck, als habe man den Schöpfer in der Welt der Gotik lediglich als Baumeister gesehen (Nationalbibliothek, Wien).

13 Die Darstellung der Erbsünde beschließt die Reihe der Abbildungen aus der Bibel von Souvigny (spätes 12. Jahrhundert).

Die Erschaffung der Welt

14 und 15 unten *Im* Liber Chronicarum *von Hartmann Schedel wird die Schöpfung aus ptolemäischer Sicht betrachtet. Das Werk wurde 1493 an einem entscheidenden Punkt des Übergangs vom Mittelalter in die Moderne veröffentlicht und ist weniger für seinen Inhalt als für seine 1800 Illustrationen bekannt. Die Abbildungen, übernommen von 645 Holzschnitten, repräsentieren die sechs Zeitalter der Welt von der Schöpfung bis zur Geburt Christi.*

15 oben *„Es ist nicht gut, dass der Mensch alleine sei." Gott bot Adam Unterstützung und Begleitung an, indem er zunächst die Tiere und anschließend Eva schuf. In dieser Darstellung aus einer Kopie der* Nürnberger Bibel *(1483) wird die erste Frau im Garten Eden aus Adams Rippe geformt. Im Hebräischen bedeutet „eden" „Freude", die ursprüngliche Bedeutung war jedoch „Partner".*

Seraphin
Cherubin
Spera lune
Spera solis
Spera martis
Spera iouis
Primum mobile

Das Paradies

Jacques Bénigne Bossuet, der bedeutendste Kanzelredner des 17. Jahrhunderts, schrieb in seinem Werk *Discours sur l'histoire universelle* für den Dauphin: „Gott muss zu sich selbst gesprochen haben, dass er jene Kreaturen glücklich machen müsse, die er gerade nach seinem Ebenbild erschaffen hatte." So fanden Adam und Eva ein Paradies zum Leben, jenes persische *paira-daèca*, das so viel wie Park, Garten oder mit Bäumen bepflanzter Ort bedeutet. Wie die *Genesis* berichtet, hat Gott diesen Garten Eden mit allen Pflanzen geschmückt, die schön anzusehen sind und essbare Früchte liefern. Zwei dieser Gewächse waren von besonderer Bedeutung: zum einen der Baum des Lebens in der Mitte des Gartens, zum anderen der Baum der Erkenntnis, dessen Früchte dem Paar verboten waren. Der Ungehorsam Adams und Evas, zu dem sie der Satan in Gestalt einer Schlange verleitete, sollte furchtbare Konsequenzen nach sich ziehen. Wo befand sich dieser Garten Eden? Jenes Paradies, an dessen Annehmlichkeiten sich der erste Mann und die erste Frau nur kurz erfreuen konnten, denn gemäß den Kirchenvätern sündigten sie und wurden noch am Tage ihrer Erschaffung aus dem Paradies vertrieben. Die Bibel gibt einen relativ präzisen Hinweis, denn es heißt, dass ein Fluss durch Eden fließt, von dem vier andere Flüsse abgehen: Tigris, Euphrat, Pison und Gihon. Die beiden Erstgenannten sind allgemein bekannt, doch die Identifizierung der beiden anderen hat bereits im Altertum zu heftigen Kontroversen geführt, denn es war unmöglich, sie als Nil oder Indus zu identifizieren oder als unterirdische Flüsse, wie einige Eiferer vorschlugen.

16 Im Garten der Lüste *(frühes 16. Jahrhundert) von Hieronymus Bosch verschmilzt die präzise naturalistische Darstellung mit einer visionären, surrealen und symbolischen Annäherung an das Thema, die nur wenig mit der Kunst jener Epoche gemein hat.*

16–17 Das Werk gleichen Namens von Lucas Cranach d. Ä. datiert aus dem Jahr 1530 und zeigt im Hintergrund verschiedene Episoden der Genesis. In Einklang mit den biblischen Angaben befindet sich Eden im Armenischen

Die Vertreibung aus dem Paradies

18 und 19 *Die hinterhältige Schlange in den Fresken der Sixtinischen Kapelle markiert den Übergang vom Zustand der Unschuld zum Sündenfall. Dieser vollzieht sich unmittelbar und ist mit beeindruckender Dramatik dargestellt. Ab diesem Zeitpunkt hat sich die Welt verändert: Das irdische Paradies ist auf ewig verloren.*

Wahrscheinlicher ist, dass es sich um die Kura und den Araxes (Aras) handelt, die sich vereinen, bevor sie in das Kaspische Meer münden. Diese Hypothese scheint geographisch logischer und weit weniger fantastisch. Sicher ist, dass sich das irdische Paradies irgendwo im Ararat-Hochland (früher Armenisches Hochland) befand, unweit des Ararat, eines weiteren wichtigen Ortes in der Bibel. Ungeachtet dessen sehen einige Bibelausleger Eden im antiken Chaldäa, näher am Persischen Golf, wo das Klima milder ist als in Armenien, das sich aus diesem Grund nicht für einen Garten der Freuden eignet Eine weitere viel diskutierte Frage in vergangenen Jahrhunderten beschäftigte sich damit, welche Sprache die Stammeltern der Menschen gesprochen haben. „Hebräisch natürlich", antworteten die Juden. Für Nichtjuden schien diese Antwort jedoch zu simpel und außerdem spielte der Nationalismus eine Rolle, der jedermann veranlasste, für seine eigene Sprache zu argumentieren. Gemäß einer persischen Überlieferung sprach die Schlange arabisch, Adam und Eva unterhielten sich in exquisitem Persisch und der Erzengel Gabriel verjagte sie auf Türkisch aus dem Paradies. Auch der schwedische Gelehrte Andrea Kempe, der im 17. Jahrhundert lebte, war ein Verfechter der dreisprachigen Version, jedoch mit

nordischer Nuance: Gott sprach zu Adam auf Schwedisch, der erste Mensch antwortete ihm in Dänisch und die Schlange versuchte Eva auf Französisch, der Sprache der Sünde. Im 18. Jahrhundert plädierte man für das Baskische, das man – nicht ganz zu Unrecht – für die älteste Sprache der Welt hielt. Das Stiftshaus der Kathedrale von Pamplona birgt den Bericht einer detaillierten Debatte über den Sachverhalt. Sie schließt damit, dass es weder einen Beweis für diese Behauptung noch dagegen gäbe, und verleiht der Überzeugung Ausdruck, dass Baskisch die Sprache des Paradieses gewesen sei, vielleicht in seiner navarresischen Variante.

Welche Sprache die Schlange auch gesprochen hat, sie konnte der göttlichen Strafe nicht entgehen. Mit honigsüßen Worten und mit Lügen überredete sie Eva zu sündigen – dies bezahlte sie mit dem Verlust der Sprache. Das ungehorsame Paar wurde ebenfalls bestraft. Die Frau sollte fortan unter Schmerzen gebären und der Mann im Schweiße seines Angesichts arbeiten, verdammt, wie ein frauenfeindlicher Exeget bemerkt, „weil er weiblichen Ränken Beachtung schenkte". Adam und Eva begannen ihr neues Leben in der Nähe des Paradieses, aus dem sie vertrieben worden waren und in das keiner ihrer Nachkommen je zurückkehren sollte.

Kain und Abel

Die Wiege der Menschheit war Mesopotamien, das fruchtbare Zweistromland, in dem sie ihre Söhne und Töchter aufzogen. Als Erstes erblickten zwei Söhne das Licht der Welt, Kain und Abel, deren Rivalität im Brudermord gipfelte. Nachdem Kain dieses Verbrechen begangen hatte, wanderte er, verflucht in alle Ewigkeit und von Reue geplagt, in der Welt umher und beschloss seine Tage im Land Nod, dem „Land des ruhelosen Lebens", als Ausgestoßener, gequält von Schuldgefühlen. Nod lag „östlich des Paradieses", eine Angabe die ebenso wenig hilfreich für die Identifizierung der genauen Lage ist, wie die Kenntnis, dass Abel dort eine Stadt gründete, die er Enoch nannte, zu Ehren seines Erstgeborenen.

20 oben *Auf diesem Gemälde der italienischen Renaissance führt Eva den jungen Kain an der Hand, während sie Abel auf dem Arm trägt. Der eine sollte Bauer werden, der andere Hirte. Die Geschichte der beiden Brüder hat ihren Ursprung möglicherweise in einem Konflikt zwischen nomadisierenden Hirten – wie den Stämmen Israels – und einer sesshaften Bauerngemeinschaft.*

20 unten *In der illuminierten Initiale von Belbello aus Pavia (15. Jahrhundert) tötet Lamech, ein Nachkomme Kains in der vierten Generation, seinen Vorfahren entgegen Gottes Gebot.*

20-21 *Im Jahr 1543 schuf Tiziano Vecellio eine dunkle Vision des ersten Mordes in der Geschichte der Menschheit, zu dem es aus Neid kam, weil Gott das Opfer Abels bevorzugte.*

·NOBILIS·PATRIARCHARVM·CETVS·

Die Linie der Menschheit

Diese erste menschliche Niederlassung, die den Beginn der Zivilisation markiert haben mag, wird in der Bibel mit einer gewissen Missbilligung behandelt. Sie war ein menschliches, kein göttliches Werk, ja sie war sogar ein gegen Gott gerichteten Werk, denn sie war das Werk eines Verdammten. Ähnlich tadelnswert, weil zu menschlich und zu irdisch, waren die Innovationen, die die Nachkommen Kains einführten: Lamech begründete die Polygamie; Jabal „war der Vater derer, die in Zelten hausen und Vieh halten", also der Nomaden; Jubal entwarf eine Harfe und erschuf die Musik; Tubalkain war„Lehrer aller Handwerker für Messing und Eisen"; und Noema erfand das Spinnen und Weben. Während jedoch: „Falls die lange Lebensdauer der Menschen zu jener Zeit für Gott sehr vorteilhaft war, so bot sie ihnen jedoch unglücklicherweise die sündhafte Möglichkeit sich ihren Neigungen hinzugeben und die Guten mit ihrem schlechten Beispiel zu verführen. Der Tod, der nur selten kam, streckte die Sünder mit seiner Lektion nicht nieder und die Zeit, die ihnen blieb, bevor sie vor Gott traten, schürte ihre Dreistigkeit." 1656 Jahre nach der Schöpfung (oder 2242 oder 1307 Jahre entsprechend der Version der Bibel, die man heranzieht), regierte zügellose Verderbtheit die Erde, die nicht nur unter den Nachkommen Kains herrschte, sondern auch unter den pietätvolleren Sethiten. Hinzu kam, dass die

22-23 Die Kunst Luca Signorellis erreicht ihren Höhepunkt in der Dekoration der Cappella di San Brizio im Dom von Orvieto. Der Ausschnitt zeigt die Patriarchen, bei denen es sich tatsächlich um Märtyrer und Kirchenväter handelt. Das dramatische und intellektuelle Porträt des Künstlers erfüllt die Ahnen des jüdischen Volkes mit jener göttlichen und menschlichen Energie, die für die biblischen Geschichten so charakteristisch ist.

23 Im Gegensatz dazu verbreiten die hieratischen Figuren an der Kuppel der so genannten Scarsella im Baptisterium von Florenz eine gewisse luminöse, entrückte Mystik, die von den Figuren in der Mitte des Mosaiks bekräftigt wird.

sich die Nachkommen Kains im mysteriösen Enoch und dessen Umgebung weltlichen Aktivitäten hingaben, bevölkerten ihre Cousins, die Nachkommen Seths (des dritten Sohnes von Adam und Eva, der „sie über den Verlust von Abel hinwegtrösten sollte"), Mesopotamien und „riefen den Namen des Herrn an", das heißt, sie huldigten Gott, während die anderen Pflüge und Webstühle anfertigten. Den Andächtigen war ein langes Leben beschieden: Adam starb im Alter von 930 Jahren (Eva empfing Seth, als Adam 130 Jahre alt war) und von den neun Patriarchen, die in der Bibel als seine direkten Nachkommen aufgeführt werden, wurde Enoch im Alter von 365 Jahren zu Gott gerufen, während Methusalem 969 Jahre beschieden waren. Vater Fillion, ein ergebener Bibelgelehrter des 19. Jahrhunderts, erklärte beiden Familienzweige begonnen hatten, untereinander zu heiraten. Gott „sah, dass die Sittenlosigkeit des Menschen auf Erden groß war". Er bereute, ihn geschaffen zu haben, und beschloss, ihn zu vernichten. Adam hatte dies vorhergesagt, allerdings hatte er eine zweifache Vernichtung prophezeit, eine durch Feuer und die andere durch eine alles verschlingende Flut. Deshalb bemühten sich seine Nachkommen, so viel Wissen wie möglich zu erwerben, und sie hielten alles schriftlich auf zwei Säulen fest, von denen die eine aus Ziegel die andere aus Stein gefertigt war. Josephus Flavius verkündet in seinem Werk *Antiquitates Judaicae,* dass eine der beiden Säulen zu seiner Zeit noch in Siriada stand. Bei diesem Land handelt es sich nicht um Syrien und es gibt keine weiteren Texte, die sich darauf beziehen.

24 oben *Illuminiertes osmanisches Manuskript aus dem 16. Jahrhundert. Die Arche segelt unter Noahs Aufsicht auf den Wassern der Sintflut. In Übereinstimmung mit der muslimischen Darstellung eines Propheten züngeln Flammen über dem Haupt Noahs. In der islamischen Version der Sintflut fährt die Arche über die überschwemmte Kaaba in Mekka.*

24 unten links *Der Bau der Arche – die eher einem riesigen Haus als einem Schiff gleicht – im Stundenbuch des Herzogs von Bedford (1423). Bei dem Mann in der Mitte, der Anweisungen erteilt, handelt es sich vermutlich um Noah.*

24 unten rechts *Der erste Regenbogen in der Geschichte besiegelte den Bund zwischen Gott und dem Menschen. Die Taube kehrt von ihrem zweiten Flug auf der Suche nach Land mit einem Ölzweig im Schnabel zurück. Nie wieder sollte sich der Zorn Gottes in einer Flut manifestieren.*

25 *Diese ungewöhnliche Darstellung der Arche ziert die Decke einer Kirche in Tecamchalco, Mexiko. Das Werk eines indigenen Künstlers datiert aus dem Jahr 1562 (nach der spanischen Eroberung) und interpretiert die biblische Geschichte, offenbart jedoch in den Säulen der Balustrade die naive Inspiration, die vermutlich das Quarterdeck der spanischen Galeone lieferte.*

Der Patriarch Noah

In diesen verderbten Zeiten gab es nur einen gerechten und perfekten Menschen, den Patriarchen Noah. Der Herr erzählte ihm von seiner Entscheidung, die Menschheit zu vernichten. Er sagte Noah jedoch auch, dass er ihn und seine Familie retten würde, damit der Patriarch Gründer einer besseren menschlichen Rasse werde. Gott war so freundlich, die Sintflut um 120 Jahre zu verschieben, damit Noah und seine Familie die riesige Arche bauen konnten, auf der sie gemeinsam mit den „reinen" und „unreinen" Tieren vor den Wassermassen geschützt waren. Als die Arche fertig war, erhielt Noah den Befehl, sich mit seiner Frau, seinen drei Söhnen und deren Gemahlinnen an Bord zu begeben. Die Kreaturen der Erde wurden ebenfalls an Bord gebracht: sieben Paare von jedem reinen Tier, also von den Tieren, die man verzehren durfte, und ein Paar von jedem unreinen Tier. Die Abreise verzögerte sich nochmals um sieben Tage, dann öffneten sich die Schleusen des Himmels. Es regnete 40 Tage und Nächte ohne Unterbrechung. Alles Land wurde überschwemmt und blieb 150 Tage unter Wasser. Schließlich sank der Wasserspiegel und die Arche, die während der Flut nicht gezielt gesteuert werden konnte, strandete „auf den Bergen von Ararart" in Armenien. Noah sandte einen Raben aus – einen unreinen Vogel –, der nicht zurückkehrte, als er Nahrung fand. Acht Tage darauf entließ Noah eine Taube, die jedoch zurückkehrte, ohne einen Ort gefunden zu haben, an dem man sich hätte niederlassen können. Nach weiteren sieben Tagen, entsandte Noah die Taube erneut. Dieses Mal kehrte sie mit einem Ölzweig im Schnabel zurück. Als die Taube zum dritten Mal ausgesandt wurde, kehrte sie nicht zurück, denn sie hatte einen Ort gefunden, an dem man sich niederlassen konnte. Alles Leben war vernichtet, denn „fünfzehn Ellen hoch hatte sich das Wasser ausgebreitet; und die Berge waren bedeckt". Noah und seine Familie warteten auf eine offizielle göttliche Order, verließen die Arche und opferten einige Tiere. Gott gefiel diese Geste und er versprach, keine weitere Sintflut zu schicken. Als Zeichen seines wiedergewonnenen Vertrauens in die Menschheit, schuf der Herr etwas, das Noah und seine Familie noch nie zuvor gesehen hatten: einen Regenbogen.

26-27 *In Genesis 6, 15–16 wird die Größe der Arche („…: Dreihundert Ellen lang, fünfzig Ellen breit und dreißig Ellen hoch soll sie sein.") genannt und ihre Decks werden spezifiziert („Richte ein unteres, ein zweites und ein drittes Stockwerk ein!"), ihr Grundriss wird jedoch nicht beschrieben. Ende des 17. Jahrhunderts widmete sich der Jesuitenpater Athanasius Kircher dem Problem. Er zeichnete diesen Querschnitt mit Vögeln und Unterkünften für die Menschen im Oberdeck, mit Lagerräumen im Zwischendeck und mit Quartieren für vierbeinige Kreaturen im Unterdeck.*

28 und 29 *Ein Zyklus byzantinischer Mosaiken aus dem 13. Jahrhundert, der die Geschichte Noahs und der Sintflut erzählt, ziert das Gewölbe im Atrium der Markuskirche in Venedig. Die ersten drei Darstellungen zeigen das Beladen der Arche. Die verschiedenen Spezies sind gemäß ihrer rituellen Reinheit eingeteilt, den diätetischen Restriktionen in* Leviticus, 11 *entsprechend. Von jedem reinen Tier wurden sieben Paare an Bord genommen, von jedem unreinen Tier, darunter Schwein und Kamel, wurde nur ein Paar geladen. Die vierte Abbildung zeigt die Unglücklichen, die in der Sintflut ertrinken. Die fünfte stellt die Entsendung der ersten Taube dar. Zunächst sandte Noah jedoch einen Raben aus, einen unreinen Vogel, der nicht zurückkehrte, als er entdeckte, dass er sich an den Ertrunkenen gütlich tun konnte. Die nächste Darstellung zeigt die Rückkehr der zweiten Taube, die Noah ausgesandt hatte. Die Illustration auf Seite 29 oben stellt das Entladen der Arche unter dem Regenbogen dar, der den Bund mit Gott besiegelte. In der Abbildung auf Seite 29 unten opfert der Patriarch eine Taube vor einem Altar.*

O PTULIT HOLOCAUSTU DNO ·
·PDILUUIU·

30 Es gibt unzählige verschiedene Darstellungen der Arche Noah, die jedoch im Allgemeinen in der Aufteilung der einzelnen Decks übereinstimmen. Die Manuskripte aus dem 14. und frühen 15. Jahrhundert zeigen ungewöhnlich geformte Archen. Nur die Abbildungen oben rechts (1411) und in der Mitte links (1400–1407) erinnern stärker an die Rundboote aus wesentlich früherer Zeit, der Zeit der Sumerer.

31 Nachdem Gott einen „Wind über die Erde" wehen ließ, fährt die Arche endlich unter einem aufgeklarten Himmel auf einer Wasserwüste, die sich nach 40-tägigem, ununterbrochenem Regen „fünfzehn Ellen hoch" ausgebreitet hatte und die Gipfel der Berge bedeckte. Der biblische Bericht über die Sintflut scheint in Verbindung mit dem babylonischen Gilgameschepos zu stehen, in dem Ut-napischtim, der einzige Mensch, der die Flut überlebt, das Geheimnis der Unsterblichkeit bewahrt.

fac tibi archā de lignis leuigatis mēsiūculas ī archa facies / et bitumine
linies. ex animātibz mūdis tolles septēna et septena . ge. vi° et vii° c.

LVnyon dessus mētionnee
nous fut clerement fi
gurée par les deux nom
bres septennaires des bestes mūdes/

32-33 *Die Wolken, die den Ararat umhüllen, verbergen noch immer sein Mysterium. Seit Jahrhunderten interessieren sich Reisende, Gelehrte und Philosophen für den Berg, an dem die Arche Noah strandete. Noch heute suchen Menschen nach einem Stück Holz der Arche – auch wenn man inzwischen weiß, dass sich die Bibel auf das Land Ararat bezieht.*

33 *Im 19. Jahrhundert war Gustave Dorés Zeichnung die vertrauteste Illustration der Arche: eine riesige Walnussschale mit Deckaufbauten, die an einen Palast oder Tempel erinnern. Unzählige Leichen füllen das Bild, überragt von der Arche und von der Taube, die Licht in die Dunkelheit bringt.*

Der Berg Ararat

Wie es Gott versprochen hatte, wurde die Arche nicht länger gebraucht und man ließ sie auf dem Ararat zurück. Einige Gelehrte sind der Meinung, dass ihre Überreste noch heute dort zu finden sind. Bereits Josephus Flavius, der im 1. Jahrhunderte lebte, schrieb: „Die Armenier sprechen vom Ort des Heruntersteigens und noch in unserer Zeit sind die Überreste der Arche zu erkennen, die hier gerettet wurde." Bereits drei Jahrhunderte früher berichtet Berosos, der chaldäische Autor der *Babylonika,* von der nur wenige Fragmente erhalten sind, von einem Brauch der Bergbewohner. Sie trugen winzige Stückchen Bitumen, das zum Kalfatern des Schiffsrumpf verwendet wurde, als Talisman gegen Gifte bei sich. Der griechische Geschichtsschreiber Nikolaos von Damaskus, der im 1. Jahrhundert v. Chr. lebte, schrieb in seiner Weltgeschichte, die nicht mehr erhalten ist: „Über Miniad in Armenien thront ein großer Berg, genannt Baris [eine andere Bezeichnung für Ararat], dort, so sagt man, wurden viele, die die Sintflut überlebt haben, gerettet; und dass ein Mann in einer Arche dort auf dem Gipfel anlegte und dass die hölzernen Überreste dort lange Zeit daran erinnerten."

34 *Die Weinstöcke am Fuße der östlichen Ausläufer des Ararat, die Armenien zugewandt sind, stellen eine weitere Verbindung zur Geschichte der Sintflut her: In seinem 600. Lebensjahr pflanzte Noah einen Weinstock.*

35 *Das Kloster Chorvirap am Fuße des Ararat belegt die Konversion Armeniens zum Christentum vor 1700 Jahren. Armenien war das erste Land, das sowohl das Alte als auch das Neue Testament annahm.*

Sie waren noch im 4. Jahrhundert an Ort und Stelle, zumindest, wenn man den Ausführungen von Johannes Chrysostomos glauben darf, dem Patriarchen von Konstantinopel, der in seinen Sermonen vom Zorn Gottes spricht, der über die Sünder kam. Im Mittelalter hielten alle Reisenden, darunter auch Marco Polo, den Ararat für den Ort, an dem die Arche gestrandet war. Sie fügten jedoch hinzu, dass niemand den Berg erklimmen könne, da der Weg entweder wegen anhaltender Schneefälle oder gemäß dem Willen Gottes unpassierbar sei.

In byzantinischer Zeit berichteten die orthodoxen griechischen Christen, die im heutigen Anatolien lebten, von der Heldentat des Mönchs Jakob, der später Bischof von Nisibis und kanonisiert wurde. Er wünschte sich sehnlichst, die Arche zu sehen, und betete lange zu Gott, ihm diese Gnade zu erweisen. Schließlich machte er sich auf, den Berg zu erklimmen. Müde und durstig legte er eine Ruhepause ein. Als er erwachte, erblickte er eine Quelle, die wundersamerweise vor seinen Augen sprudelte. (Die „Jakobs Quelle" gibt es noch heute. Sie ist ein Orientierungspunkt für moderne Suchende.) Der Mönch stieg immer höher, doch jedes Mal, wenn er sich für einen kurzen, erholsamen Schlaf niederließ, erwachte er wieder an jenem Punkt, an dem er aufgebrochen war. Schließlich begriff er, dass Gott nicht wollte, dass er den Berg erklomm. Ein Engel erschien ihm und bat ihn, seine Bemühungen aufzugeben. Er überließ Jakob ein Fragment der Arche und erklärte, es sei den Menschen verboten, die Arche zu erblicken. Dieses Verbot scheint noch heute Gültigkeit zu haben, denn keiner der Expeditionen, die den Ararat ab dem frühen 19. Jahrhundert erforscht haben, ist es jemals gelungen, etwas Greifbares zu finden.

Ad matut. inuitat. allā
Spirit9 domini repleuit orbē
terrar: Venite adoremus allā
Ps. Ven. Hy. Iā xps astra
Ad noc. aña. Factus ē repente
de celo sonus aduenientis spūs

DER TURM ZU BABEL UND DIE BABYLONISCHE SPRACHVERWIRRUNG

36 *Mehrere Fehltritte führten von der Erbsünde zur Verderbtheit des Menschengeschlechts und zur Vernichtung der Menschheit mit Ausnahme Noahs und seiner Familie. Bereits wenige Generationen später war der Turm zu Babel zwar nicht die schwerwiegendste Herausforderung Gottes, so doch die beeindruckendste. Die illuminierte Darstellung aus dem* Breviarium Grimani *datiert aus dem 15. Jahrhundert und zeigt den Turm in der Bauphase.*

37 *Die Illustration des Entladens der Arche Noah stammt aus dem Stundenbuch des Herzogs von Bedford (1423). Die Tiere verlassen das Schiff und ziehen in eine geläuterte Welt (oben). Noah liegt nach dem Genuss von Wein betrunken am Boden (unten rechts). Ham, der dritte Sohn Noahs, brachte neues Leid über die Menschheit, als er den Vater deshalb verlachte.*

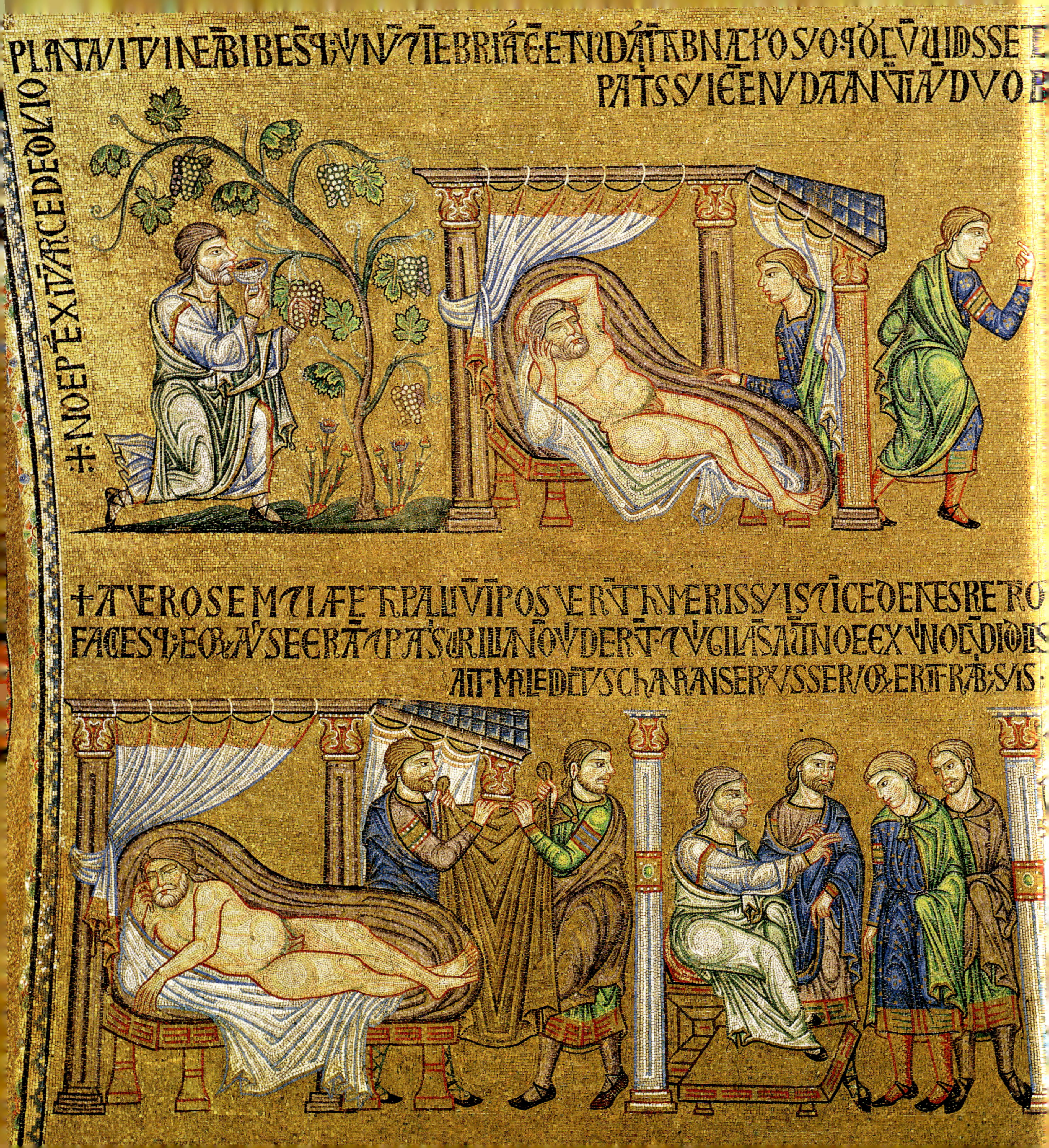

Die Nachkommen Noahs

Zur Zeit der Sintflut war Noah 600 Jahre alt und seine drei Söhne waren bereits Zentenare. In jenen Tagen war das Alter eines Zentenars allerdings vergleichbar mit dem eines Jugendlichen. Die drei Söhne hießen Sem, Ham und Japhet. Sem und Japhet waren ernsthafte junge Männer, doch Ham ging sorglos durchs Leben, wie sein Verhalten zeigt, als die drei ihren Vater betrunken und nackt in seinem Zelt fanden. Noah hatte entdeckt, dass man aus der Frucht des Weinstocks ein schmackhaftes Getränk gewinnen konnte. Vermutlich kannte der Patriarch die Wirkung des Alkohols nicht. Er hatte zu viel davon gekostet und war betrunken in tiefen Schlaf gefallen. Sem und Japhet deckten ihren Vater rücksichtsvoll mit seinem Mantel zu. Sie gingen dabei rückwärts, damit sie die Nacktheit Noahs nicht sahen. Ham hingegen verhielt sich taktlos. Er lachte ungeniert über den Vater. Als Noah wieder bei Bewusstsein war, erfuhr er, was sich zugetragen hatte, und verhängte einen Fluch über seinen Sohn, der viele Generationen heimsuchen sollte: Die Nachkommen Hams (die Bibel bezeichnet sie als Kanaaniter) wurden zu Sklaven seiner beiden Brüder und deren Sprösslingen, den Semiten (von Sem), die einst zum „Volk Gottes“ gehören sollten, und den Japhetiten, die einst über weite Teile der Welt herrschen und zum Gott der Juden konvertieren sollten. In dieser göttlichen Dreiteilung der Welt und ihrer Völker sahen einige Exegeten die Unterteilung in Afrikaner, Juden und Europäer.

Ein Name auf der langen Liste der Völker und Individuen, die von den drei Söhnen Noahs abstammen, zieht die Aufmerksamkeit auf sich: Nimrod, Enkel des Ham und „großer Jäger vor dem Herrn“. Er gründete das erste babylonische Reich im weiten Land Schinar, das zwischen den Ausläufern von Tigris und Euphrat liegt. Nimrod erbaute vier Städte: Babel (Babylon), Erech (Uruk, heute die Ruinenstätte Warka), Akkad und Kalne (am linken Tigrisufer, an dem sich später die Stadt Ktesiphon erhob). Damit gab sich Nimrod jedoch nicht zufrieden. Er ging nach Norden, eroberte Assyrien von den Semiten und gründete weitere vier Städte, von denen Ninive am berühmtesten werden sollte, während über Resen, die „große Stadt zwischen Ninive und Kalach“, nichts bekannt ist.

38-39 *Die Mosaiken der Geschichte Noahs und der Sintflut im Atrium der Markuskirche in Venedig stellen jene Episode dar, die den Patriarchen dazu veranlasste, einen Fluch über seinen Sohn Ham und dessen Nachkommen zu verhängen, nachdem Ham ihn verhöhnt hatte: Den Kanaanitern war es bestimmt, den Nachkommen Sems und Japhets zu dienen. Tatsächlich wurden die Kanaaniter, ein indigenes Volk Palästinas, jedoch von den Israeliten überrollt. Ab dem 18. Jahrhundert v. Chr. hatten sie die Kontrolle über ihre Städte und Festungen verloren. Die letzte Szene zeigt die Bestattung Noahs, der nach der Sintflut noch 350 Jahre lebte und im Alter von 950 Jahren verstarb.*

Der Turm zu Babel

Doch Nimrods Ambitionen waren noch immer nicht befriedigt. Er wollte Gott herausfordern und beschloss, einen Turm zu erbauen, „dessen Spitze bis in den Himmel reicht", höher noch, als die Wasser der Sintflut, damit die Erdenbürger dem Zorn Gottes entgehen konnten, falls dieser noch einmal die Erde überschwemmen sollte.

Im Land Schinar gab es kein geeignetes Gestein, deshalb wurden für die Außenmauern des Turms monatelang Lehmziegel gefertigt und in der Sonne oder in Öfen getrocknet. Tag für Tag wuchs der Turm ein Stück in die Höhe, „höher, als sie gehofft hatten", berichtet Josephus Flavius. „Er war so breit, dass seine Höhe im Vergleich dazu lächerlich erschien."

Gott stieg auf die Erde herab, um zu sehen, was die vielen Menschen erbauten. Als er den riesigen Turm erblickte und erkannte, dass er den Himmel berührte, beschloss er, der Gottlosigkeit der Menschen Einhalt zu gebieten. Er stürzte die Nachkommen Adams, die bisher eine gemeinsame Sprache gesprochen hatten, in tiefe Verwirrung, indem er ihnen verschiedene Sprachen gab. Die Arbeiten am Turm kamen zum Erliegen, weil die Menschen einander nicht mehr verstehen konnten, so sehr sie sich auch bemühten, und der Herr hat „sie über die ganze Erde hin zerstreut".

Jahrtausende später haben Archäologen bewiesen, dass die Überreste des antiken Babylon einer chaotischen Baustelle gleichen, die von den Bauarbeitern Hals über Kopf aufgegeben wurde.

40-41 *In der Vorstellung von Pieter Bruegel d. Ä. (um 1525/30–1569) steht der Turm zu Babel in einer freundlichen flämischen Landschaft. Die Umgebung unterscheidet sich grundlegend von Mesopotamien, wo Nimrod, ein Nachfahre Hams, einen Turm erbauen ließ, der hoch genug war, um Gott herauszufordern. Die Bibel berichtet, dass getrocknete Lehmziegel als Baumaterial dienten, ein Werkstoff, mit dem die mesopotamischen Kulturen ihre Zikkurats erbauten.*

42 Gott ließ seinem Zorn über den Turm freien Lauf und stürzte Nimrod (in Rüstung) und die Babylonier in Verwirrung. Die Abbildung stammt aus der Chronique Universelle *(1480–1482) von Jean de Courcy. Gott bestrafte das Volk, indem er ihm verschiedene Sprachen gab und die Menschen über die ganze Welt zerstreute. Diese Episode faszinierte die Christenheit, vor allem nach der tatsächlichen Sprachverwirrung und der Völkerwanderung, die auf den Untergang des Römischen Reiches folgten.*

***43 links** Diese Illustration in einem lateinischen Brevier (1475–1500) verleiht dem Turm ein mittelalterliches Aussehen, das für das „Zeitalter der Kathedralen" typisch ist. Die für den Bau verwendeten Steinblöcke erinnern eher an eine gotische Kirche als an eine babylonische Zikkurat.*

***43 rechts** Die Erbauung des Turms zu Babel, französischer, vielleicht parisischer Kodex, um 1250. Die Abbildung zeigt Werkzeuge und Fertigkeiten der mittelalterlichen Christenheit. Mit großen handbetriebenen Winden werden beispielsweise Steine transportiert. Außerdem sind der Transport, die Bearbeitung und die Verwendung der Blöcke zu erkennen.*

Der verbotene Turm fasziniert die Menschheit seit alters. Der Mythos ist vielleicht der Verwunderung nomadischer Wüstenstämme zu verdanken, die die Zikkurats erblickten, die sich über den Mauern der mesopotamischen Städte erhoben. Im 17. Jahrhundert wagte der Jesuitenpater Athanasius Kircher eine wissenschaftliche Annäherung an den Mythos. Der Gelehrte hatte bereits versucht, die ägyptischen Hieroglyphen zu entziffern und die Größe der Arche Noah zu berechnen. Kircher überlegte, wie viele Menschen die Erde in den 275 Jahren von der Sintflut bis zur Erbauung des Turms bevölkert haben konnten. Er ging davon aus, dass jedes semitische, kanaanitische und japhetitische Paar in einem Zeitraum von 14 fruchtbaren Jahren pro Jahr ein Kind zur Welt gebracht habe. Damit wären insgesamt 9 094 468 Männer und Frauen geboren worden. Er nahm weiter an, dass die Hälfte davon, also 4 547 234 Menschen, mit dem Bau des Turms beschäftigt war. Die anderen waren zu jung, zu alt oder gingen anderen Pflichten nach, sie kultivierten beispielsweise das Land, kümmerten sich um das Vieh oder kochten für die Bauarbeiter. Kircher untersuchte anschließend, wie hoch der Turm hätte sein müssen, damit er in den ersten Himmel reichte, den Himmel des Mondes. Auf Basis des astronomischen Wissens jener Zeit kam er zu dem Schluss, der Turm hätte 178 672 römische Meilen (eine Meile entsprach bei den Römern 1 500 m) hoch sein müssen. Der Sockel, auf dem ein Turm dieser Höhe hätte ruhen können, hätte demnach eine Fläche von 50 römischen Quadratmeilen bedecken müssen. Kircher stellte akribische Berechnungen an und wies nach, dass man dafür 374 354 625 000 000 000 Lehmziegel benötigt hätte – „eine Zahl, die man sich nur schwer vorstellen kann“. Sobald all diese komplizierten Berechnungen abgeschlossen waren, fasste er triumphierend vier Schlussfolgerungen zusammen. Erstens: Selbst wenn 4 Millionen Menschen 3 426 Jahre lang ununterbrochen gearbeitet hätten und der Turm pro Woche 1 500 m gewachsen wäre, wäre er noch nicht fertig gestellt.

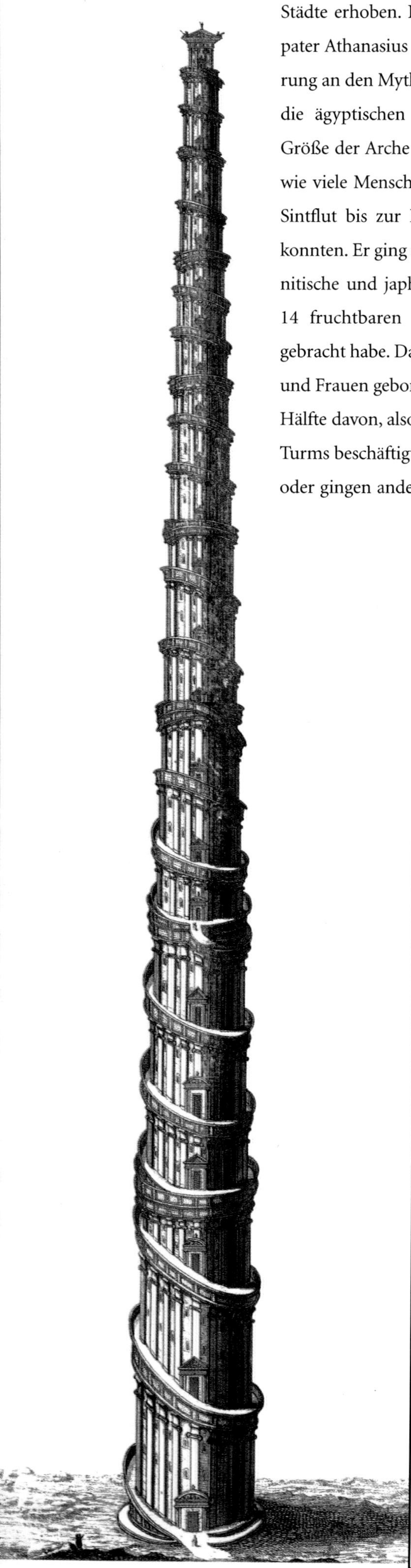

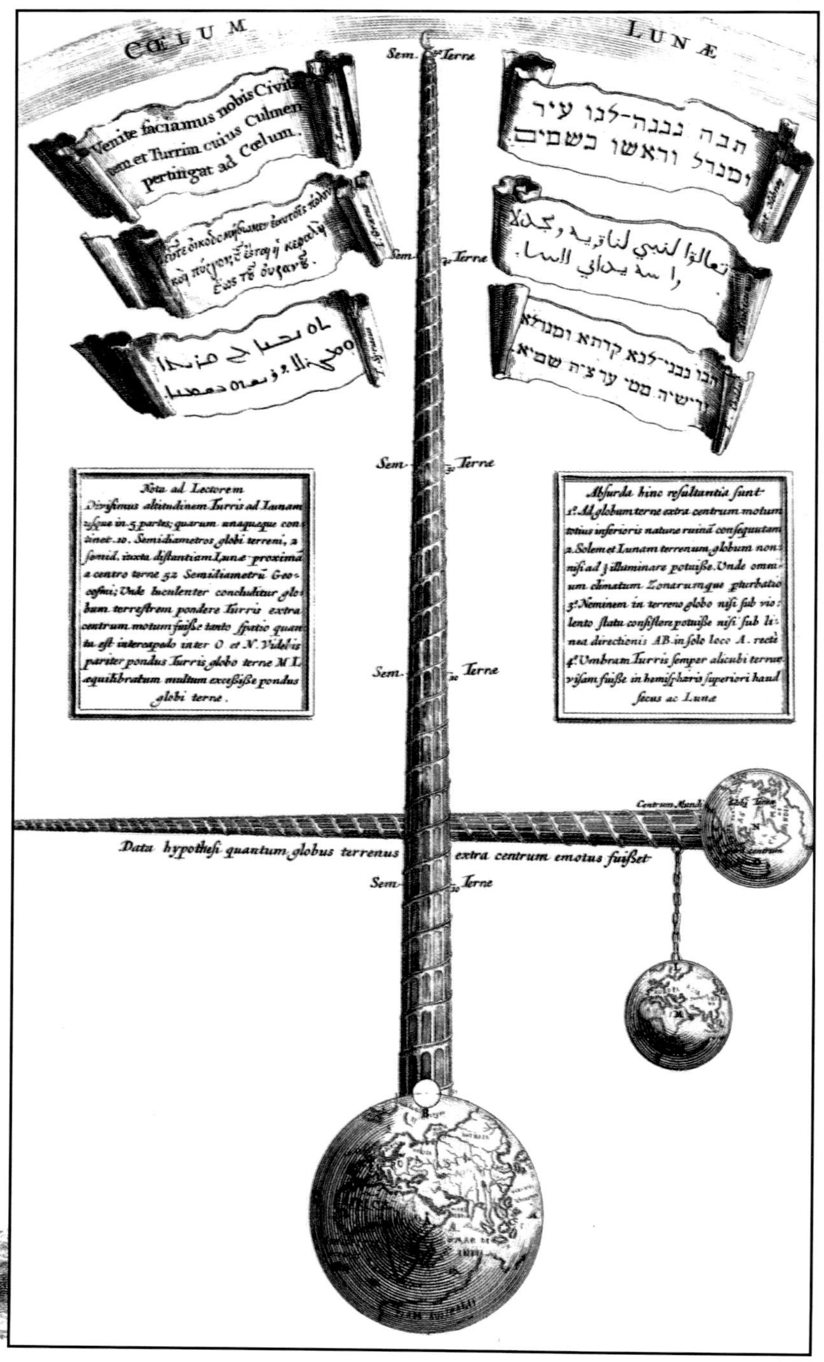

44 Die schlanke Spirale (links) entspricht der Vorstellung, die der Jesuitenpater Athanasius Kircher von einer babylonischen Zikkurat hatte. Der Gelehrte widmete sich gegen Ende des 17. Jahrhunderts der wissenschaftlichen Untersuchung verschiedener Fragen, die die Bibel aufwirft. Kircher belegte (Abbildung rechts), dass es unmöglich ist, einen Turm zu erbauen, der den Himmel zumindest an seinem tiefsten Punkt berührt, dem Himmel des Mondes, ganz zu schweigen vom Empyreum. Diese Feststellung untermauert unter anderem die Tatsache, dass das Gewicht des Turms die Erde vom Mittelpunkt des Universums abgestoßen hätte.

45 Die Gravüre aus dem späten 17. Jahrhundert zeigt die Städte, die unter Nimrod und seinen Nachfahren erbaut wurden. In der Mitte dominiert Ninive, gegründet von Ninus (Nimrod), dem ersten König von Assyrien. Das Babylon Nimrods mit dem Turm zu Babel im Südosten liegt am Zusammenfluss von Euphrat und Tigris, wesentlich weiter südlich als seine tatsächliche Position, wenngleich sich die Stadt an dem Punkt befand, an dem sich die Flüsse am nächsten kamen.

Vr. Chaldeor.
Ninive
Seleucia
Arach
Mesopotamia
Calanna
Babylon
Sennaar
Turris Babel

Zweitens: Würde man alles Holz aus allen Wäldern der Erde in Babylon zusammentragen, bestünde die Erde nur aus „Kalk und Lehm“ und würden die Ozeane mit allen Seen und Flüssen in Bitumen verwandelt, dann gäbe es noch immer nicht genug Holz, um die Ziegel zu brennen, dann wäre noch immer nicht genug Lehm für die Ziegel vorhanden und die Ozeane würden noch immer nicht ausreichen, um genügend Bitumen zu erhalten. Drittens: Hätte ein Reiter pro Tag 45 km des gewundenen Turms erklommen, hätte er dessen Spitze nach 800 Jahren noch nicht erreicht. Viertens: Das Gewicht des Turms hätte jenes der Erde „um viele Parasangen“ (altpersische Maßeinheit) übertroffen. „Lasst uns für den Moment annehmen, der Turm wäre auf Erden mit göttlicher Hilfe erbaut worden. In diesem Fall wäre die Erde vom Mittelpunkt des Universums durch das große Gewicht des Turms, das zum Gewicht der Erde hinzukam, abgestoßen worden … und wenn der Erdball gefallen wäre, wäre das ganze Weltall vernichtet worden. Folglich war es eine eitle und törichte Anmaßung des Menschen, ich will nicht sagen ein solches Unternehmen zu wagen, aber doch daran zu denken; und mit Recht bestrafte uns Gott mit einer solchen Sprachverwirrung.“ Die Gelehrten der Vergangenheit diskutierten mindestens ebenso heftig über die Ursprache aller Menschen, wie sie darüber disputierten, welche Sprache Adam und Eva im Garten Eden gesprochen haben könnten. Die meisten gingen davon aus, dass Hebräisch die Ursprache war, es gab jedoch auch andere, durchaus vorstellbare Hypothesen. Der sarkastische Voltaire liebte es, die Geschichte einer Dame am Hofe von Versailles zum Besten zu geben, die oftmals zu wiederholen pflegte: „Es ist ein Jammer, ohne all das Theater um den Turm zu Babel würde heute die ganze Welt Französisch sprechen.“ Wie das Beispiel des Gelehrten Kircher belegt, stand das 17. Jahrhundert im Zeichen wissenschaftlicher Präzision. Dennoch machten deutsche Gelehrte, die Hebräisch für die Ursprache hielten, den Vorschlag, zwei Neugeborene im Wald auszusetzen. Sie waren überzeugt, dass die beiden Kinder unbeeinflusst von anderen Menschen die Ursprache des Alten Testaments benutzen würden, sobald sie sprechen konnten. Außerdem wiesen die Gelehrten darauf hin, dass dieses Experiment willkommene Begleiterscheinungen habe, man würde zum Beispiel aus dem Mund der Kinder die korrekte Aussprache und Syntax der heiligen Sprache erfahren, deren Reinheit im Verlauf der Jahrhunderte verloren gegangen sei. Somit würde man „die Sprache des Heiligen Geistes“ wieder entdecken.

46 und 47 *Das Minarett von Samarra (heute Irak), das etwa 100 km nordöstlich von Bagdad liegt. Das spiralförmige Minarett ruft bestimmte Darstellungen des Turms zu Babel in Erinnerung, darunter die Gravüren von C. Decker (Seite 47), die um 1670 entstanden. Man darf annehmen, dass sich der Künstler ebenso wie Bruegel und Kircher von den Informationen inspirieren ließ, die über die frühesten Formen islamischer Minarette zur Verfügung standen.*

Hæc ruet everſis mu qua
Stans memori qua ntum
BABILONIA MURIS
steterit Kircherius Orbi

Confusio linguarum

48 Der Turm zu Babel erreicht in diesem Gemälde (17. Jahrhundert) einer holländischen Schule den Höhepunkt der Anmaßung: Er berührt den Himmel. In königlichen Gewändern betrachtet Nimrod sein Werk und ignoriert die Zerstreuung, die kurz darauf erfolgt.

49 In erschreckendem Gegensatz dazu zeigt dieses Gemälde aus derselben Periode das Ergebnis menschlicher Arroganz. Ungeachtet der Bedeutung, die der Katastrophe beigemessen wird, beschreibt Genesis 11, 8–9 *die Episode vollkommen nüchtern: „Der Herr zerstreute sie von dort aus über die ganze Erde und sie hörten auf, an der Stadt zu bauen. Darum nannte man die Stadt Babel …" (abgeleitet von einem Wort das „Wirrsal" bedeutet). Im Lauf der Jahrhunderte hat man viele Theorien über die Sprache aufgestellt, die vor der babylonischen Sprachverwirrung gesprochen wurde. Im Vordergrund stand dabei die Koine Adams, die originäre und damit göttliche und perfekte Sprache.*

Abraham, Esau, Jakob und Joseph

50 Die russische Ikone aus dem 17. Jahrhundert zeigt in der Mitte Abraham und sein Weib Sarah. Die Ankunft des „Vaters der Menge“ (hebräische Bedeutung des Namens Abraham) markierte den Wendepunkt in der Bibel. Nach der Vertreibung aus dem Paradies ist die Rede von einem Land, in dem Milch und Honig fließen. Das Gelobte Land war nicht der Garten Eden, doch sein Name hallt in allen Jahrhunderten wider.

51 Diese Initiale in der Bibel von Souvigny (französisches Manuskript aus dem 12. Jahrhundert) umrahmt eine Abbildung Abrahams, der die Gerechten umfangen hält. Die Darstellung, die mit dem Jüngsten Gericht assoziiert wird, ist charakteristisch für den Patriarchen und bezieht sich auf das Gleichnis vom reichen Mann und dem armen Lazarus in Lukas 16, 19–31.

Abraham, der erste Patriarch

Nachdem die Nachkommen Noahs es gewagt hatten, den Himmel zu berühren, wurden sie in alle Welt zerstreut, in drei Rassen aufgeteilt und in Myriaden von Geschlechtern, die einander feindlich gesinnt waren und unfähig, miteinander zu kommunizieren. Die Bibel überlässt diese Sünder ihrem Schicksal und berichtet nichts weiter über die Weltgeschichte. Sie konzentriert sich vielmehr auf eine einzige Familie, die Familie Abrahams, die eine große Zukunft vor sich hatte.

Abraham war ein direkter Nachkomme von Sem. Er wurde um 2000 v. Chr. in Ur geboren, einer Stadt über die bis vor etwa 80 Jahren kaum etwas bekannt war. Noch im 19. Jahrhundert verwechselte man Ur mit Urfa, das südlich des Ararat-Hochlandes liegt. Ur gehörte zu den größten Städten Mesopotamiens, eine Metropole mit 250 000 Einwohnern am rechten Euphratufer zwischen Babylon und dem Persischen Golf. Zur Zeit Abrahams erhob sich die Stadt auf einem von Menschenhand geschaffenen Hügel, umgeben von dicken Mauern. 1922 begann Sir Leonard Woolley mit Grabungen in dem Gebiet, in deren Verlauf das antike Ur nach und nach freigelegt wurde. Mit der Stadt förderte man eine bisher unbekannte Kultur zutage: die Sumerer. Die weite Fläche, über die sich Ur erstreckte, durchzog ein Neztwerk über- und untergeordneter Kanäle, die Getreidefelder, Gemüsegärten und Dattelpalmenhaine mit Wasser versorgten. In der näheren Umgebung lagen Bauernhöfe und Dörfer, die die große Stadt mit Lebensmitteln versorgten. Ur handelte mit Waren, die aus den Bergen und vom Meer an den Euphrat kamen. Die Straßen der Stadt bildeten ein Labyrinth schmaler Gassen und Passagen, nicht breiter als etwa 2 m, die sich zwischen den Gebäuden hindurchschlängelten. Die würfelförmigen, zweistöckigen Ziegelhäuser hatten ein flaches Dach. Licht und Luft gelangten über einen Innenhof, in dem sich ein Großteil des Alltagslebens abspielte, in die Räume. In den Höfen lagerten die Kaufleute ihre Waren, bereiteten die Weber ihre Stoffe vor und bearbeiteten die Handwerker Metall, Holz und Stein. Das Familienleben spielte sich im oberen Stockwerk ab, wegen des heißen und schwülen Wetters oftmals sogar auf dem Dach, auf dem die Familien in den heißen Sommernächten schliefen. Von den vielen Göttern, die diese schwer arbeitenden, friedlichen Menschen anbeteten, war der Mond der bedeutendste. König und Königin herrschten über Ur. Starb der Souverän, legten Höflinge, Soldaten und Musiker ihre besten Gewänder an, versammelten sich ordnungsgemäß um den Leichnam und tranken einen Becher Gift, damit sie den toten Monarchen im Jenseits begleiten und ihm weiterhin dienen konnten.

52 In der Kirche Santa Maria Novella, Florenz, zeigt ein Gemälde von Filippino den gepeinigten Abraham mit dem Messer in der Hand. Die Darstellung bezieht sich auf die Opferung Isaaks, doch die Qual, die der Betrachter spürt, bezieht sich auf den bevorstehenden Niedergang des großen Florenz.

53 Abrahams Geburtsort war Ur, die glänzende Metropole der Sumerer. Von dort musste er die heilige Zikkurat passieren, deren Ruinen sich noch heute in Mesopotamien erheben. König Ur-Nammu hatte das prächtige Monument gegen Ende des 22. Jahrhunderts v. Chr. erbauen lassen.

Im Land Haran

Terah, der Vater Abrahams, lebte in dieser reichen, kultivierten Stadt, in der man die Künste, Literatur und Musik zelebrierte. Vielleicht war er Kaufmann und besaß ein großes Haus mit zehn oder sogar 20 Räumen. Eines Tages beschloss Terah, sein Hab und Gut zusammenzupacken und sich mit seiner Familie in nordwestliche Richtung nach Haran aufzumachen, das etwa 1000 km entfernt lag. Haran war ebenfalls ein Handelszentrum und befand sich an einer Kreuzung der Karawanenstraßen, die die Paddan-Aram-Hochebene durchquerten. Vielleicht unternahm Terah vom Geschlecht Sems nur eine Geschäftsreise, vielleicht folgte er aber auch den unergründlichen Plänen Gottes, denn es geschah in jener Stadt, dass der Herr Abraham (der zu jener Zeit gerade mal 75 Jahre alt war) befahl, sich auf den Weg zu machen: „Geh fort aus deinem Land, verlass deine Heimat und deine Verwandtschaft und zieh in das Land, das ich dir zeigen werde." Gleichzeitig versprach der Herr, dass Abraham gesegnet werde und sein Name durch die Jahrhunderte hallen würde.

54 oben **Die illuminierte Initiale aus dem 13. Jahrhundert zeigt Abraham, der der Stimme des Herrn lauscht. Er folgt den Anweisungen seines Schöpfers bedingungslos: „Abram glaubte dem Herrn und der Herr rechnete es ihm als Gerechtigkeit an.“** (Genesis 15, 6). *Der unerschütterliche Glaube Abrahams ist ein fundamentaler Aspekt seiner komplexen Persönlichkeit. Als Vater Ismaels, Ahnherr der arabischen Stämme, wird er auch im Islam als Prophet verehrt.*

54 unten und 54-55 *Das endlose Weideland an Syriens Grenzen nutzen noch heute Hirten, die ein archaisches Leben führen, das einem ewig gleichen Rhythmus und Schema folgt. Auf seinen ersten beiden Reisen nach Kanaan passierte Abraham diese konturlose Ebene, die zwischen Mesopotamien und Assyrien liegt. Im heutigen Syrien versprach Gott dem Patriarchen ein neues Land, in dem seine Nachkommen ruhm- und zahlreich sein sollten.*

Die Reise nach Kanaan

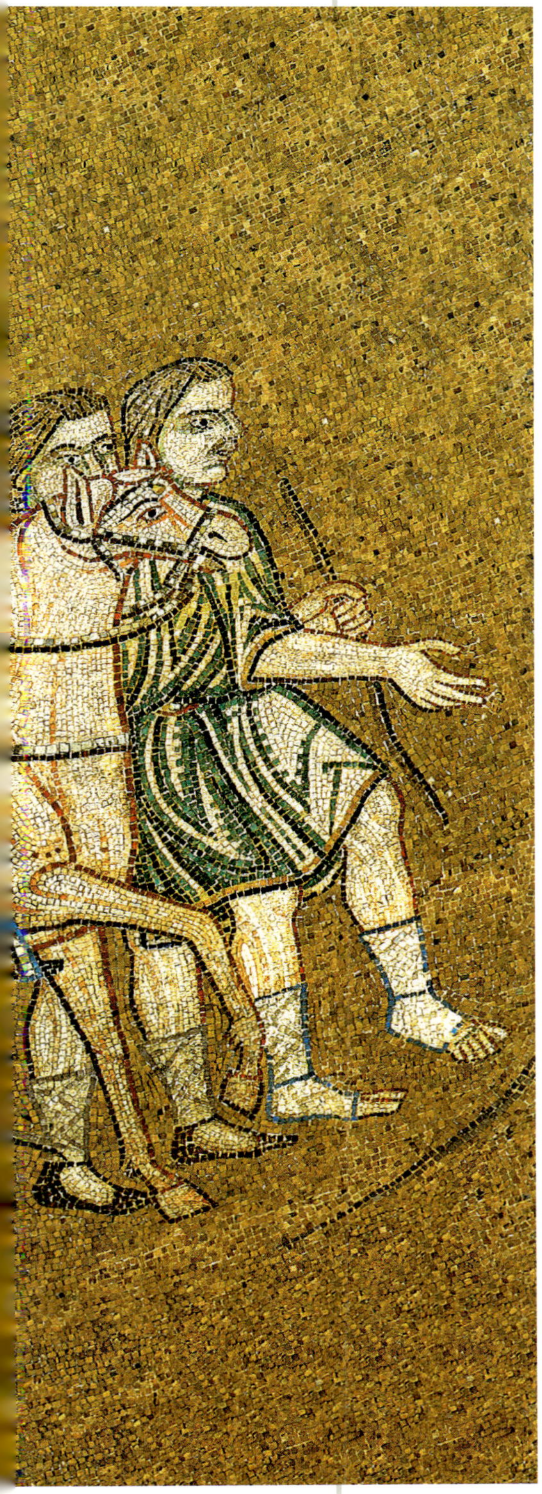

Also machte sich Abraham mit seiner Frau Sarah, seinem Neffen Lot und all seinen Habseligkeiten auf den Weg. Er schlug die Straße Richtung Ägypten ein, vorbei an der Oase Tadmor, die die Römer später Palmyra nannten und in der noch nicht die prächtigen heidnischen Tempel standen, deren Ruinen man heute bewundern kann. Er passierte Damaskus, das sich rühmt, die älteste, ohne Unterbrechung bewohnte Stadt der Welt zu sein, und das nordöstlich des schneebedeckten Hermongebirges liegt. Anschließend überquerte er den Jordan und kam endlich nach Kanaan, das zu jener Zeit zum Reich des ägyptischen Pharaos gehörte. Hier endete die Reise, denn der Herr erschien Abraham und sprach: „Dieses Land will ich dir und deinen Nachkommen geben." Doch Abraham zog weiter, denn er war der Anführer eines Hirtenstammes und befand sich in Begleitung hunderter von Menschen, Ziegen und Rindern; sie brauchten Weideland und wussten, dass die Kanaaniter nomadischen Hirten stets feindlich gesinnt waren. Also errichtet Abraham zwei Altäre für den Herrn und zog weiter in Richtung Süden nach Ägypten, denn Kanaan litt unter einer Dürre und sein Vieh war in Gefahr. Er gelangte nach Ägypten, misstrauisch gegenüber den zügellosen Sitten und Gebräuchen der Menschen dieses Landes. Sein Weib war sehr anmutig und er fürchtete, jemand der sie begehrte, könnte sie ermorden. Deshalb bat er Sarah, sich als seine Schwester auszugeben. Diese Vorsichtsmaßnahme erwies sich als gerechtfertigt, denn als der Pharao Sarah erblickte, ließ er sie in seinen Palast bringen. Als Sarah ihm jedoch mitteilte, sie sei Abrahams Schwester, entließ er sie. Sie erklärte Abraham, dass sie nicht erfreut sei, lügen zu müssen, und bat ihren Gemahl, das Land wieder zu verlassen. Die Gruppe durchquerte die unfruchtbare Einöde des Sinai und kehrte nach Kanaan zurück. Dort gab es jedoch nicht genug Weideland für die Tiere der ganzen Familie und so beschloss Abraham, sich von seinem Neffen Lot zu trennen. Abraham wollte sich mit seiner Familie und seinen Habseligkeiten in den Hügeln niederlassen, während Lot und seine Familie sich nahe der Stadt Sodom ansiedeln sollten. Kurz darauf waren Abraham und seine Männer gezwungen, die Hügel zu verlassen und gegen die Armeen von „vier Königen" zu kämpfen, die aus dem Norden gekommen waren und Lot und seine Angehörigen gefangen genommen hatten. Abraham konnte seine Verwandten befreien und der König von Sodom dankte ihm dafür, dass er die Invasoren aus dem Norden in die Flucht geschlagen hatte. Abraham und seinem Stamm erging es gut, doch entgegen dem Versprechen Gottes, Abraham einen Erben zu schenken, blieb Sarah unfruchtbar. Deshalb riet sie ihrem Gatten, ihre ägyptische Sklavin Hagar zum Weibe zu nehmen und mit ihr Kinder zu zeugen. Und Hagar gebar Ismael, dem es bestimmt war, der Ahnherr der arabischen Stämme zu werden. Zum Zeitpunkt der Geburt Ismaels war Abraham 86 Jahre alt. Erst in seinem 99. Lebensjahr erschien ihm jedoch der Herr, um ihm zu verkünden, dass er endlich einen Sohn mit Sarah haben würde, den er Isaak nennen und beschneiden lassen solle, damit sich seine Nachkommen von den anderen Menschen unterschieden. Kurz darauf erschien Gott Abraham abermals, als dieser „zur Zeit der Mittagshitze" vor seinem Zelt in der Grasebene von Mamre saß. Er erschien in Gestalt eines Menschen, den zwei Engel in Menschengestalt begleiteten. Dieses Treffen fand nahe Hebron statt. Der Ort wird traditionell anhand eines Hains aus Dornbüschen nahe einer Terebinthe identifiziert, von der man sagt, sie sei aus dem Stab gewachsen, den die Engel in die Erde gepflanzt hätten. Der römische Kaiser Konstantin ließ hier eine Basilika erbauen und die Araber nennen den Ort Mamet el-Khalil.

56-57 und 56 unten *Die luminösen Mosaiken in der Markuskirche in Venedig zeigen Abraham mit seiner Frau Sarah, seinem Neffen Lot und den Dienern.*

57 *In den* Les Petites Heures, *die von Jean I. (1340–1416), Herzog von Berry, in Auftrag gegeben wurden, kniet Abraham vor Gott und den Engeln, die ihm verkünden, dass Sarah ihm endlich einen Sohn gebären wird und dass der Knabe Isaak genannt werden soll.*

Die Flucht aus Sodom

Die drei Besucher bestätigten Abraham noch einmal, dass ihm endlich der lang ersehnte Sohn geboren werde, obwohl er und Sarah alt seien, und sie verkündeten, dass die Städte in der Ebene von Gottes Zorn zerstört würden, denn sie seien erfüllt von gefühllosen Sündern. Bei diesen Städten handelte es sich um Sodom, Gomorrha und drei weitere, die gemeinsam eine Pentapolis bildeten. Und so geschah es, obgleich Gott Abraham versprochen hatte, die Städte zu verschonen, wenn er dort nur zehn gute Menschen finden würde. Doch sie waren alle lasterhaft und der Patriarch musste mit ansehen, wie Schwefel und Feuer über die Städte kamen und alles Leben darin zerstörten.

Kurz zuvor hatten zwei Engel den widerwilligen Lot, seine Frau und seine zwei Töchter aus Sodom geführt und ihnen strikt verboten, zurückzublicken. Lots Frau konnte jedoch nicht widerstehen, wagte den Blick zurück und erstarrte zur Salzsäule. Der gepeinigte Lot floh in die Berge und suchte Schutz in einer Höhle. Seine beiden Töchter hatten keine Hoffnung, dass jemals ein Mann zu ihnen in die Berge käme, waren jedoch zugleich verzweifelt entschlossen, Kinder zu bekommen. Sie machten Lot betrunken und lagen bei ihm.

58-59 *Ein Feuer reinigt das lasterhafte Sodom von seinen Sünden. Die Werkstatt Raffaels fertigte dieses Fresko in den Loggien im Vatikan. Es zeigt Lot (Abrahams Neffen), der sich mit seinen beiden Töchtern in Sicherheit bringt. Seine Gemahlin ist zur Salzsäule erstarrt, weil sie es entgegen dem himmlischen Gebot gewagt hat, auf die Stadt zurückzublicken.*

59 *Das Gemälde von Jan Bruegel d. Ä., genannt Samt- oder Blumenbruegel, zeigt Sodom in Flammen. Das Werk lässt italienische Einflüsse erkennen und vereint die entsetzlichen Visionen des Vaters, Pieter Bruegel d. Ä., genannt Bauernbruegel, und des Bruders, Pieter Bruegel d. J., genannt Höllenbruegel.*

Das Tote Meer

Die beiden Söhne, die aus dieser inzestuösen Verbindung hervorgingen, waren Moab und Ammon, die Ahnherren der Moabiter und Ammoniter. Sie ließen sich östlich des Jordan und des Toten Meeres nieder und kämpften lange und unerbittlich gegen die Nachkommen Abrahams.

Wo lagen die fünf Städte der Pentapolis? Zur Zeit Josephus Flavius' (der behauptete, persönlich die zur Salzsäule erstarrte Frau Lots gesehen zu haben), glaubte man, sie befänden sich an der Südspitze des Toten Meeres, wo Salzablagerungen ungewöhnliche Formationen geschaffen hatten, die an Gebäude und versteinerte Menschen erinnerten. In der *Genesis* heißt es, die fünf Städte seien Sodom, Gomorrha, Adama, Zeboim und Bela. Darüber hinaus nennen die Araber einen Berg in dieser Gegend Gebel Usdun oder Gebel Sudun. Als die Pilgernonne Etheria im 4. Jahrhundert die Stelle passierte, bemerkte sie, dass die Säule nicht mehr existiere, fügte jedoch mit einer gewissen Bosheit hinzu, dass man sie kurz vor ihrer Ankunft noch gesehen habe.

60 und 61 Salz, das im Toten Meer und entlang seiner Küste reichlich vorkommt, wird traditionell mit Sterilität in Verbindung gebracht. In den bizarren und evokativen Salzgebilden entlang der israelischen und jordanischen Küste des Toten Meeres (vor allem in der israelischen Engedi und in den Pottasche-Ablagerungen am Sodom) erkennt man gern die Überreste der gottlosen Pentapolis, zu der unter anderem Sodom und Gomorrha gehörten. Hier vernichtete Gott „... alles, was auf den Feldern wuchs“ (Genesis 19, 25). In römischer Zeit und im Mittelalter behaupteten viele Reisende und Gelehrte wie Josephus Flavius, die zur Salzsäule erstarrte Frau Lots gesehen zu haben.

Die Geburt Isaaks

62 oben *Der empfindsame und realistische Stil Giovanni Francesco Barbieris, genannt Guercino, gibt das Thema beeindruckend wieder: Abraham verbannt die ägyptische Sklavin seiner Gattin Sarah und deren Sohn. Der Knabe Ismael lehnt sich weinend an seine Mutter. Isaak war so eifersüchtig auf seinen Halbbruder Ismael, dass Sarah die ungerechte Verbannung initiierte, über die Abraham sehr unglücklich war.*

62-63 *Das Gemälde aus Verona zeigt, dass Hagar und ihrem Sohn Ismael göttliche Hilfe zuteil wurde. Die Szene spielt in einem Wald, nicht in der Wüste Pharan, deren Lage nicht genau bekannt ist. Vermutlich befand sie sich jedoch unweit der zerstörten Pentapolis, südwestlich des Toten Meeres. Gott hatte Hagar einst versprochen, dass ihr Sohn der Ahnherr einer Linie mit zahllosen Nachkommen (den arabischen Stämmen) sein würde. Er hatte ihr jedoch auch verkündet, dass diese Linie nie in Frieden leben würde.*

Ein Jahr nach der Vernichtung von Sodom und Gomorrha, schenkte die 90-jährige Sarah ihrem Sohn Isaak, „Gott möge lachen", das Leben. Abraham war überglücklich. Auf Sarahs Wunsch schickte er seinen Sohn Ismael und dessen Mutter Hagar in die Wüste. Sie streiften in der Wildnis von Beerscheba umher und litten Hunger und Durst. Gott rettete sie jedoch, indem er eine Quelle vor ihren Augen entspringen ließ. Der unglaublich reiche und mächtige Abraham ging mit Abimelech, dem König der Philister, eine Allianz ein und erhielt die fruchtbare Region Beerscheba. Er war glücklich, endlich einen legitimen Erben zu haben, doch Gott forderte Abraham auf, seinen Sohn zu opfern. Von Angst erfüllt, aber gehorsam begab sich der alte Patriarch mit seinem Sohn auf die dreitägige Reise in das Land Moria, wo er auf einem Berg die furchtbare Tat begehen sollte. Die Juden identifizieren sowohl das Land Moria als auch den Berg, auf dem Salomo später seinen Tempel errichtete, mit dem Tempelplatz in Jerusalem. Im Mittelalter glaubte man, die Opferung sei im Felsendom vorbereitet worden. Abraham errichtete den Scheiterhaufen, auf dem er seinen Sohn verbrennen sollte, nachdem er ihn geopfert hatte. Er zog sein Messer, um Isaak zu töten, doch die Stimme eines Engels gebot ihm Einhalt und verkündete ihm, dass Gott nur seinen Glauben habe prüfen wollen. Abraham verließ Beerscheba und kehrte mit seinem Stamm nach Hebron zurück, wo seine Frau Sarah im Alter von 127 Jahren starb. Ihr Gatte kaufte nahe Mamre einen Acker mit der Höhle Machpela, in der die Verstorbene beigesetzt wurde. Das Grab wurde später zur Familiengruft, in der Abraham, Isaak, Rebekka, Lea und Jakob bestattet wurden.

64 Das Gemälde aus dem 17. Jahrhundert, ein Werk des italienischen Malers Salvator Rosa, zeigt die Opferung Isaaks. Nur ein schwaches göttliches Licht gebietet Abraham im entscheidenden Moment Einhalt. Das Kunstwerk verewigt die moralische Signifikanz der Geschichte.

65 Der Berg, auf dem Abraham die Opferung seines Sohnes vorbereitete, ist den drei großen monotheistischen Religionen heilig. Seit dem 7. Jahrhundert wird er vom prächtigen Felsendom überragt, einem Hauptheiligtum des Islam.

Nachdem die Muslime die Region 634–640 erobert hatten, errichteten sie eine Moschee über dem heiligen Ort. Nach dem 1. Kreuzzug, in der kurzen Zeit des Königreiches Jerusalem (1099–1187), ersetzte eine Basilika die Moschee und christliche Pilger, die in das Heilige Land reisten, konnten die Krypta besuchen. Mit der erneuten Eroberung Jerusalems durch die Muslime wurde abermals eine Moschee über den Ruinen der Basilika errichtet. Eine Handschrift aus dem 15. Jahrhundert berichtet von einem Fund, den die Kanoniker des lateinischen Priorats von Hebron am 25. Juni 1119 gemacht hatten. Unter ihrer Kapelle waren sie auf einen Hohlraum gestoßen, in den der Mönch Arnulf noch am selben Tag hinabstieg. Er entdeckte zwei Höhlen. Die eine barg zwei Skelette, in der anderen lagerten 15 Vasen, die mit Knochen gefüllt waren. Ohne Umstände erklärte man, die beiden Skelette seien die sterblichen Überreste von Abraham und Isaak und die Knochen in den Vasen seien die Gebeine von Jakob. Im Priorat feierte man diese Entdeckung tagelang. Die Frauen der Familie ließ man unerwähnt … Die Juden und später auch die Muslime verkündeten, dieser heilige Ort sei die letzte Ruhestätte Adams. Im leichtgläubigen Mittelalter zeigte man den Pilgern der drei monotheistischen Religionen das Feld der roten Erde, wo Gott den ersten Menschen erschuf, die Höhle, in der sich Adam und Eva nach ihrer Vertreibung aus dem Paradies versteckten und das Feld, auf dem Kain seinen Bruder Abel erschlug. Als Abraham fühlte, dass sein Ende nahte, wollte er sicherstellen, dass

66 oben *Die Ibrahim-Moschee in Hebron, die zur Zeit der Kreuzzüge als Kirche gegründet wurde, ist ein Beispiel für die wechselnden Mächte und Glaubensrichtungen, die die Geschichte der Stadt prägten. Gemäß der Bibel wurden Sarah und Abraham in der Höhle Machpela in Kirjat Arbat (nahe Hebron) beigesetzt. Als man in zwei Höhlen unterhalb einer Kapelle in Hebron Gebeine entdeckte, ordnete man sie umgehend dem Patriarchen und seinen Nachkommen zu.*

66 unten *Ein schmales Fenster unter einem Schrein in die Ibrahim-Moschee gewährt einen Blick in die verehrte Grabkammer Abrahams.*

67 *Ein Silbertor mit schwerem Silberschloss verhindert den Zugang zur Höhle Machpela. Die Ausstattung der Krypta ist rein islamisch: Die Muslime verehren Abraham (arabisch Ibrahim, „Vater des Ismael") als einen der größten Propheten ihrer Religion.*

68 Barocke Architektur, die typisch für Bernini ist, erhebt sich in der römischen Landschaft, in der der Franzose Antoine Coypel das Treffen zwischen Abrahams Diener und Isaaks zukünftiger Braut stattfinden lässt. Der Patriarch entsandte einen treuen Diener nach Haran, der ein Weib für seinen Sohn finden sollte. Abraham legte zwei Kriterien fest: Die Frau durfte keine verhasste Kanaaniterin sein und die Wahl der Frau durfte nicht dazu führen, dass Isaak in das Land zurückkehrte, das Abraham auf Gottes Geheiß verlassen hatte.

69 oben Ein klar definiertes Licht im Stil Caravaggios kennzeichnet die klassische Komposition des neapolitanischen Malers Andrea Vaccaro. Dargestellt ist das Treffen zwischen Rebekka und Isaak.

69 unten Rebekka täuscht ihren blinden Gemahl Isaak, der Jakob anstelle von Esau segnet. Das expressive Meisterstück von Jusepe de Ribera datiert aus dem Jahr 1637 und ist durchdrungen von einem besonders klaren Licht.

Isaak angemessen verheiratet würde. Er wollte nicht, dass sein Sohn eine andersgläubige Kanaaniterin ehelichte, deshalb entsandte er einen Diener seines Vertrauens nach Haran, wo seine Verwandten noch immer lebten. In der Nähe der Stadt Nahors begegnete der Diener einem lieblichen Mädchen namens Rebekka, die an einem Brunnen Wasser schöpfte. Sie stammte von Abrahams Linie ab. Er nahm Rebekka mit nach Hebron, sie heiratete Isaak und schenkte den Zwillingen Esau und Jakob das Leben. Jakob beneidete seinen Bruder Esau, da er das Erstgeburtsrecht hatte. Als Esau eines Tages völlig erschöpft von der Feldarbeit heimkehrte, überredete ihn sein Bruder, ihm sein Erstgeburtsrecht für einen Teller Linsen zu verkaufen. Später bereute Esau dies und drohte, Jakob zu töten. Rebekka rettete ihren Sohn, indem sie ihn nach Haran in das Haus ihres Bruders Laban schickte.

Jakob in Haran

Unterwegs träumte Jakob von einer Himmelsleiter und er hörte die Stimme des Herrn, der ihm verkündete, er werde der Erbe des Landes Kanaan sein. Nach seiner Ankunft in Haran verdiente sich Jakob seinen Lebensunterhalt als Hirte der Herden seines Onkels und er verliebte sich in die wunderschöne Rahel, die jüngere Tochter Labans. Laban stimmte einer Heirat zu, vorausgesetzt Jakob sei bereit, sieben Jahre für ihn zu arbeiten. Als die Frist beinahe abgelaufen war, überlistete Laban Jakob und verheiratete ihn mit seiner älteren Tochter Lea, die während der Zeremonie der Sitte entsprechend einen Schleier trug. Jakob gab jedoch nicht auf und stimmte zu, weitere sieben Jahre für Laban zu arbeiten, damit er Rahel zur Frau bekam. Nach der Hochzeit verließ Jakob mit seinen beiden Frauen und seinen Tieren Haran. Er kehrte nach Kanaan zurück und erfuhr, dass sein Bruder Esau inzwischen eine Kanaaniterin geheiratet und sich damit vom auserwählten Volk abgewandt hatte. Das Paar wurde zu den Stammeltern der Edomiter, die später gegen die Juden kämpften. Auf der Rückreise nach Kanaan musste Jakob den Fluss Jabbok überqueren. Nachdem seine Familie, seine Tiere und seine Diener übergesetzt hatten, blieb er allein am anderen Ufer zurück. Plötzlich sah er sich einem Unbekannten gegenüber, gegen den er kämpfen musste. Der Kampf dauerte bis Tagesanbruch, doch keiner der beiden gewann die Oberhand. Der Fremde renkte Jakob die Hüfte aus, dennoch gab er nicht auf und erzwang den Segen von seinem Gegner. Dieser verkündete Jakob, dass sein Name von nun an nicht mehr Jakob sei, sondern Israel, „denn mit Gott und den Menschen hast du gestritten und dabei den Sieg erfochten“. Gott selbst war Jakobs Gegner gewesen.

70 *Jakobs Traum verkörpert das Thema der göttlichen Verheißung in visionärer Manier. Gott verspricht Jakob im Traum das Land Kanaan ebenso wie zahllose Nachkommen. Das Werk aus dem 15. Jahrhundert stammt aus der Schule von Avignon. Als Isaaks Sohn erwacht, erkennt er, dass sich der Stein, auf den er sein Haupt gebettet hatte, an der Stelle befindet, an der „das Haus Gottes“* (Genesis 28, 17) *ist.*

71 *Die Jakobsleiter von Luca Giordano kündigt die neue Sprache der Malerei des 18. Jahrhunderts an. Licht ist nicht länger an naturalistischen Realismus gebunden und, wie diese Darstellung zeigt, eher himmlisch als irdisch.*

72 Im 18. Jahrhundert platzierte der Maler Jean Restout die Figuren Jakob und Laban in dem ihm eigenen Stil in eine solide, beinahe theatralische Umgebung. Die Fiktion ist dem Thema angemessen: Laban ist der Mann, der den Betrüger Jakob täuscht, indem der ihn mit seiner Tochter Lea anstelle der versprochenen Rahel vermählt.

73 oben Jakob „wälzte den Stein von dem Loch des Brunnens" (Genesis 29, 10), damit Rahels Tiere trinken konnten. Die Darstellung zeigt das erste Treffen zwischen Jakob und der jungen Frau, die er erst nach 14 Jahren ehelichen durfte.

73 Mitte Auf bizarr dargestellten Tieren flieht Jakob mit Rahel, Lea, seinen zehn Söhnen und dem Vieh, das er – mehr oder weniger ehrlich – als Lohn für die Arbeit bei seinem Onkel erhalten hat. Werkstatt Raffaels, Loggien im Vatikan.

73 unten Der letzte Abschnitt der Flucht Jakobs und seiner Familie, Andrea di Leone, 18. Jahrhundert. Auf der Reise nach Kanaan, in das Land ihrer Vorfahren, überqueren die Familie den Fluss Jabbok.

74 Jakobs Kampf mit dem Engel von Eugène Delacroix datiert 1850. Ein entscheidender Moment in der Geschichte Israels, denn gemäß (Genesis 32, 29) *verkündet der Engel Isaaks Sohn nach dem Kampf: „Nicht mehr Jakob soll dein Name heißen, sondern Israel.“*

75 oben *Vibrierende Farben und emotionale Intensität prägen die Atmosphäre in Francesco Hayez' Gemälde aus dem Jahr 1844. Dargestellt ist das Treffen zwischen Jakob und Esau, bei dem sich die beiden Brüder versöhnen.*

75 unten *Der antike Jakobsbrunnen wurde zur Zeit der Kreuzfahrer restauriert und anschließend mit einem griechisch-orthodoxen Kloster umgeben. Isaaks Sohn hatte den Brunnen nach seiner Rückkehr aus Mesopotamien in Sichem, nahe Nablus, gegraben.*

76-77 oben *Die herrlichen byzantinischen Mosaiken (14. und 15. Jahrhundert) in der Kuppel des Baptisteriums von Florenz zeigen die dramatischen Ereignisse im Leben Josephs, Jakobs Lieblingssohn, den ihm sein geliebtes Weib Rahel geboren hatte. Eifersucht und Betrug sind die Themen der Geschichte des liebenswürdigen jungen Mannes: Zunächst verraten ihn seine Brüder, die Jakob den blutgetränkten Rock seines Sohnes zeigen und ihm berichten, Joseph sei tot. Dann verkaufen die Brüder den jungen Mann an eine Karawane, die ihn nach Ägypten bringt und in die Sklaverei verkauft.*

76-77 unten *Ein Unglück folgte auf das andere. Gott gab Joseph eine außergewöhnliche Intelligenz und viele Fähigkeiten, mit denen er die Eifersucht der anderen auf sich zog. Potiphar, sein ägyptischer Herr, vertraute ihm zwar, als er jedoch den Avancen der Hausherrin widerstand, beschuldigte sie ihn, er habe versucht, sie zu verführen, worauf man ihn ins Gefängnis warf. Joseph gewann das Vertrauen eines angesehenen Mithäftlings, dem er letztendlich seine Freilassung verdankte.*

Joseph in Ägypten

Jakob lebte mit seiner Familie und seinen Tieren über 30 Jahre in Kanaan. Lea gebar Jakob zehn Söhne, Rahel schenkte ihm Joseph, der sein Liebling war. Die Halbbrüder waren eifersüchtig auf Joseph und hassten ihn so sehr, dass sie, beschlossen, ihn zu töten, als er 17 Jahre alt war. Jakob war inzwischen ein alter Mann und arbeitete auf dem Feld, während seine Söhne die Tiere auf die Weide führten. Jakob schickte Joseph zu seinen Brüdern, damit er nachsehe, wie es Mensch und Tier erging. Er fand sie in Dothan nahe Bethulia. Als sie ihn kommen sahen, beschlossen sie, ihren Plan in die Tat umzusetzen. Ruben wollte Joseph retten und riet seinen Brüdern, nicht das Blut des Jungen zu vergießen, sondern ihn in eine Grube zu werfen, wo er ohne ihr Zutun ums Leben kommen würde. Tatsächlich plante Ruben jedoch zurückzukehren und Joseph zu retten. Die Brüder stimmten zu und als Joseph zu ihnen stieß, beraubten sie ihn seines bunten Rocks, den ihm der Vater geschenkt hatte, und warfen ihn in die Grube. Als sie eine Karawane von Ismaeliten entdeckten, die sich auf dem Weg nach Ägypten befand, schlug Juda vor, Joseph als Sklaven an die Ismaeliten zu verkaufen. Nachdem sie dies getan hatten, tränkten sie Josephs Rock mit dem Blut eines Ziegenbocks und übergaben ihn dem Vater. Sie erzählten Jakob, dass Joseph von einem wilden Tier gefressen worden sei. Zu der Zeit, als Joseph von den Ismaeliten nach Ägypten gebracht wurde, herrschte jenes Volk über das Land, das Josephus Flavius die „Hirtenkönige" nennt und das allgemein als Hyksos bekannt ist. Die asiatischen Eroberer hatten unter anderem Memphis in Besitz genommen. Vielleicht wurde Joseph dort an Potiphar verkauft, einen hohen Beamten des Pharaos, der Kommandant der Palastwache war. Rasch stieg der intelligente Joseph zum Haushaltsvorsteher seines Besitzers auf und war für alle Angelegenheiten verantwortlich. Potiphars Gemahlin gefiel der gut aussehende, junge Mann und sie lud ihn mehrmals in ihr Bett ein, doch Joseph widerstand stets der Versuchung. Gekränkt beschuldigte sie ihn der versuchten Vergewaltigung und er wurde ins Gefängnis geworfen.

78 oben Ein Mosaik aus dem 13. Jahrhundert in der Markuskirche in Venedig zeigt den Pharao, der von sieben fetten Ähren träumt, die von sieben mageren Ähren verschlungen werden.

78 unten Ein anderer Abschnitt des Mosaiks zeigt sieben fette Kühe, die von sieben hässlichen und mageren Kühen verschlungen werden. Man rief Joseph, der die Gabe der Traumdeutung besaß, zum Pharao, damit er dessen Alptraum deute.

79 oben Joseph erklärt dem Pharao die Bedeutung seiner Träume. Vielleicht handelte es sich bei dem Herrscher um einen Hyksos, einen der „Hirtenkönige“, die im 17. und 16. Jahrhundert v. Chr. Unterägypten regierten.

Der Traum des Pharaos

Joseph, der die Gabe der Traumdeutung besaß, sagte mehreren Mithäftlingen die Zukunft voraus. Darunter befand sich auch ein ehemaliger königlicher Beamter, der dem Pharao nach seiner prophezeiten Freilassung von Joseph erzählte. Zwei Jahre später hatte der Pharao einen Traum, den niemand deuten konnte: Er träumte von sieben fetten Kühen, die von sieben mageren Kühen gefressen wurden, und von sieben fetten Getreideähren, die von sieben mageren gefressen wurden.

79 Mitte Joseph lässt das Getreide in Vorratshäusern lagern, damit Ägypten die Jahre der Hungersnot schadlos übersteht (links), und er verteilt das Korn zur rechten Zeit (rechts). Bemerkenswert an dem Mosaik aus dem 13. Jahrhundert ist die pyramidale Form der Kornspeicher, eine ungewöhnliche Reverenz an die ägyptische Architektur.

79 unten Zwei inhaftierte Würdenträger des Pharaos träumen von ihrem Schicksal, das Joseph ihnen deutet. Der Mann links ist der erste Mundschenk am Hofe des Pharaos. Er träumt von drei Weinreben und einem Becher Wein, den er seinem Herrn reicht. Der Traum verkündet ihm, dass er das Gefängnis in drei Tagen verlassen wird. Der Mann rechts, erster Bäcker am Hofe des Pharaos, träumt von drei Brotkörben und einer Krähe, die das Brot verzehrt. Er wird in drei Tagen hingerichtet werden.

Confitebor tibi domine
in toto corde meo: quo
niam audisti uerba
oris mei. In con
spectu angelorum psal
lam tibi adorabo ad templum sanctum tu
um et confitebor nomini tuo. Sup mia
tua et ueritate tua: quoniam magnificasti
sup omne nomen sanctum tuum. In

Man rief Joseph an den Hof, um den geheimnisvollen Traum zu deuten. Auf sieben fette Jahre würden sieben magere Jahre folgen. Damit die Menschen die Jahre der Hungersnot überleben konnten, mussten riesige Vorratshäuser für das Getreide errichtet werden. Der Pharao war beeindruckt. Er zog seinen Ring vom Finger und steckte ihn dem jüdischen Sklaven an. Er ließ Joseph in feines Leinen kleiden, behängte ihn mit einer Goldkette und überließ ihm den Streitwagen, der auf seinen eigenen folgte. Wann immer sich Joseph in der Öffentlichkeit zeigte, sanken die Menschen vor ihm auf die Knie. Er wurde zum Wesir ernannt und man gab ihm die Tochter des Hohenpriesters von Heliopolis zur Frau. Auf die sieben Jahre des Überflusses folgten sieben Jahre der Entbehrung, doch dank Josephs Prophezeiung litt Ägypten keine Not.

Kanaan befand sich in einer ganz anderen Situation. Das Land litt unter der Hungersnot und Jakob beschloss, mit seinen Söhnen in das Niltal zu ziehen, denn er hatte erfahren, dass dort Getreide verkauft wurde. Er nahm auch seinen jüngsten Sohn Benjamin mit, den ihm seine Frau Rahel geboren hatte. Als die Karawane in Memphis eintraf, begrüßte sie der Wesir, doch keiner der Brüder erkannte Joseph. Nachdem er die Brüder mehreren Prüfungen unterzogen hatte, gab sich Joseph ihnen auf ihrer zweiten Reise nach Ägypten, an der Benjamin ebenfalls teilnahm, zu erkennen. Mit Zustimmung des Pharaos wurde die ganze Familie nach Ägypten eingeladen, wo es ihnen an nichts mangelte.

Der Patriarch Jakob starb im Alter von 147 Jahren in Ägypten, nachdem er seine zwölf Söhne vereint und ihnen die Zukunft geweissagt hatte: Sie würden die Stammväter der zwölf Stämme Israels sein. Man balsamierte den Leichnam wie in Ägypten üblich ein und brachte ihn in einer langen Prozession in die Höhle Machpela.

Nach seiner Rückkehr nach Memphis waren Joseph weitere 54 Jahre beschieden, „gesegnet von Gott und allen Menschen“. Er starb in dieser Stadt, doch sein letzter Wille war, dass seine Gebeine in das Gelobte Land gebracht werden sollten, sobald das Volk Israel gemäß dem Willen Gottes dorthin zurückkehrte.

80 *Die illuminierte Seite stammt aus dem Psalter von Salisburg (vor der Reformation, 1370–1380). Dargestellt ist der sterbende Jakob, in* Genesis 48 *Israel genannt, der die Söhne Josephs segnet. In der Initiale ist Jakobs Traum von der Himmelsleiter dargestellt, in dem Gott ihm viele ruhmreiche Nachkommen verspricht.*

81 oben *Im Baptisterium von Florenz zeigt ein Mosaik aus dem 14. Jahrhundert Joseph, den Wesir von Ägypten, der sich seinen Brüdern zu erkennen gibt, die ihn in die Sklaverei verkauft hatten. Er vergibt ihnen, denn alle Ereignisse waren von einer höheren Macht vorherbestimmt: „Doch Gott hat mich vor euch hergesandt, um euch einen Überrest zu setzen auf Erden ... Und nun, nicht ihr habt mich hierhergesandt, sondern Gott; ...“* (Genesis 45, 7–8).

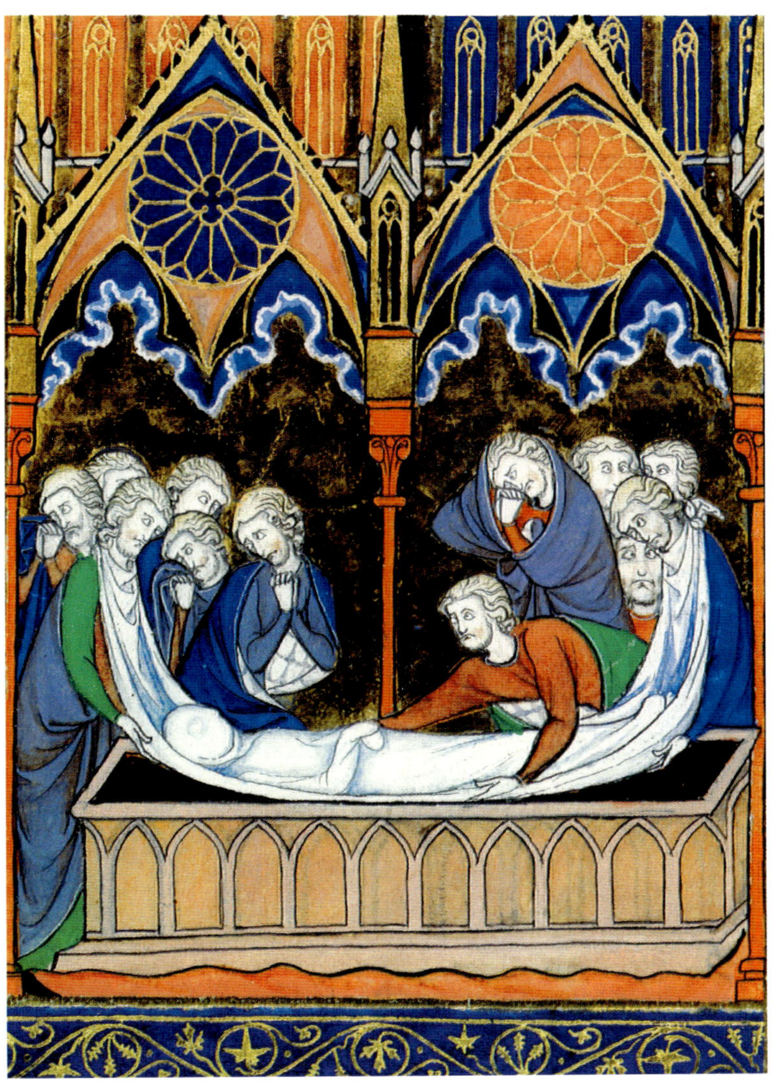

81 unten *Jakobs Leichnam wurde gemäß dem ägyptischen Brauchtum mumifiziert und in einen Sarkophag gelegt. In Genesis 50,3 heißt es: „Und die Ägypter beweinten ihn siebzig Tage lang.“ Dem Wunsch des 147-jährigen Patriarchen entsprechend, wurde er in Kanaan beigesetzt. Die Darstellung stammt aus dem Psalter von San Luigi (1253–1270).*

Moses und der Exodus

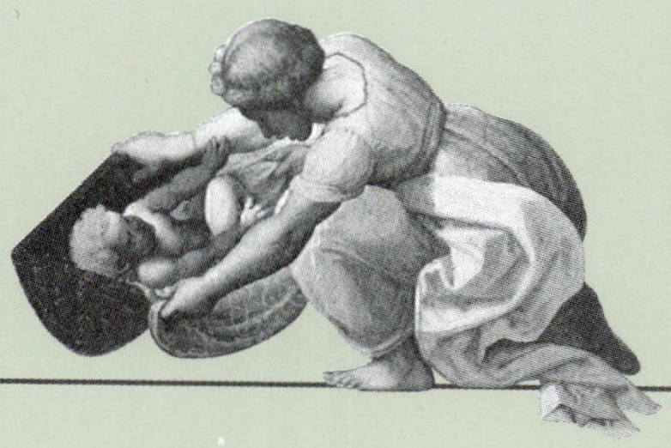

82 Guido Reni hat um 1620 die Autorität und die Macht des Anführers der Juden eingefangen. Moses führte die Juden aus Ägypten und war das Bindeglied zwischen Gott und dem auserwählten Volk. Die Tafeln, die er in Händen hält, legen Zeugnis von der Begegnung mit Gott ab, während die Angst, die ihm ins Gesicht geschrieben steht, seine Gefühle nach dem Treffen mit dem Herrn zum Ausdruck bringt.

83 Moses ist kurz davor, sein Leben auszuhauchen und mit ihm haben die Wanderungen der Israeliten ein Ende. Auf dem Gipfel des Nebo zeigt ein Engel dem alten Propheten das Gelobte Land. Luca Signorelli hat dem Gesicht des Boten Gottes in diesem Abschnitt seines Werkes Testament des Moses *(Sixtinische Kapelle, 1482) unendliche Güte verliehen.*

Sklaverei in Ägypten

Die Juden verbrachten gemäß der biblischen Chronologie vier trübselige Jahre in Ägypten. Die Ägypter vertrieben in dieser Zeit die Hyksos, setzten eine neue ägyptische Dynastie auf den Thron und versklavten die Juden, die gemäß Josephus Flavius gezwungen wurden, Kanäle auszuheben und Mauern, Dämme, Städte und Pyramiden zu errichten, ungeachtet dessen, dass es in Ägypten bereits seit 2 000 Jahren Pyramiden gab. Der Geschichtsschreiber betont, dass all dies aus Neid geschah, denn die schwer arbeitenden Juden hatten viele Nachkommen und waren wohlhabend. Wahrscheinlicher ist allerdings, dass sich die Juden im Kampf der Ägypter gegen die Hyksos auf die falsche Seite gestellt hatten und dass die Sklaverei der Preis war, den sie dafür bezahlen mussten.

Zu jener Zeit, als die Juden aus dem verarmten Kanaan in das fruchtbare Nildelta emigrierten, zählte der Stamm Israels, der sich später in zwölf Stämme unterteilen sollte, 70 Menschen. Sie standen unter dem Segen Gottes und hatten viele Nachkommen. Vier Jahrhunderte später lebten hunderttausende von Juden in der Provinz Gosen, die zwischen Heliopolis im Süden, Bubastis im Westen und Tanis und Mendes im Norden liegt. Sie genossen eine gewisse Unabhängigkeit unter der Regierung ihrer zwölf Fürsten, kultivierten ihr Land und weideten ihr Vieh. Andere lebten als geschickte Handwerker.

Im Gegensatz zu anderen Emigranten, die in die ägyptische Gesellschaft aufgenommen wurden, bewahrten sich die Juden ihren Glauben, ihr Brauchtum, ihre Sprache und ihre Religion. Schließlich waren sie das auserwählte Volk. Vielleicht ließ Ramses II. sie deshalb

84 oben *Der Ägyptologe Émile Prisse d'Avennes fertigte diese gelungene Kopie einer Darstellung im Rameseum, dem Totentempel Ramses' II. Der Pharao in seinem Streitwagen fügt den Hethitern schreckliche Verluste zu. Die Intoleranz, die seine Herrschaft prägte, führte dazu, dass die Juden Ägypten verließen und nach Kanaan zurückkehrten.*

84–85 *In der Nekropole Beni Hasan ziert die so genannte Semitenkarawane das Grab Chnumhoteps, der um 1900 v. Chr., zur Zeit der XII. Dynastie, Statthalter war. Die Reproduktion stammt aus dem Werk* Monuments de l'Egypte et de la Nubie *(Band IV, Tafel XXVII und XXVIII) von Ippolito Rosellini, das während der frankotoskanischen archäologischen Expedition in den Jahren 1828–1829 entstand.*

um 1300 v. Chr. verfolgen. Die Juden hatten sich schon einmal mit fremden Eroberern verbündet und waren eine eigentümliche Gemeinschaft, die sich in einem Schlüsselgebiet zu nahe an der Westgrenze Ägyptens und der so genannten Fürstenmauer niedergelassen hatte. Die Fürstenmauer erstreckte sich von der Mittelmeerküste bis zum Timsahsee und verhinderte ein Eindringen in das Land von der Wüste Sur im Nordosten aus. Aus dieser Richtung würden die Hethiter, gegen die der Pharao Krieg führte, angreifen. Ramses II. fürchtete Verrat und Aufstand seitens jener Bürger Ägyptens, die ihre eigene Identität bewahrt hatten. Gleichzeitig betrachtete er sie jedoch auch als Verbündete, wenn es darum ging, Tanis zu seiner neuen Hauptstadt zu machen (die nach ihm benannt werden sollte) und eine neue Stadt namens Pithom etwas weiter südlich zu gründen.

So kam es, dass die Juden gezwungen waren, Lehmziegel unter den wachsamen Augen der Oberaufseher zu fertigen. Je mehr Menschen dabei starben, desto besser, dachte der Pharao. Doch die harte Arbeit und alle Mühsal rafften zu wenige der starken Juden dahin, im Gegenteil, „je stärker sie unterdrückt wurden, desto größer wurde ihre Zahl". Ramses II. griff zu drastischeren Maßnahmen und befahl den jüdischen Hebammen, alle männlichen Babys zu töten, doch sie verweigerten den Gehorsam und verkündeten, die jüdischen Frauen seien sehr stark und könnten auch ohne ihre Hilfe entbinden. Daraufhin beauftragte Ramses sein eigenes Volk, die neugeborenen männlichen Juden in den Flüssen zu ertränken.

Die Geburt Moses'

86 Moses' Mutter setzte ihren Sohn in einem Weidenkörbchen auf dem Nil aus, um ihn vor dem Erlass des Pharaos zu schützen. Die Tochter des Herrschers fand das Körbchen im Riedgras, vielleicht an einer Stelle, die diesem sumpfigen Gebiet des Mansalasees ähnelte.

87 Die ägyptische Prinzessin schlägt die Decken zurück, in die der jüdische Knabe Moses gehüllt ist. Das Fresko aus dem 16. Jahrhundert befindet sich in den Loggien im Vatikan und ist das Werk von Künstlern im Kreis Raffaels.

Viele Mütter versuchten, ihre Kinder zu retten, und ein Bibelausleger schreibt, dass das Abschlachten ein absoluter Misserfolg gewesen sein musste, denn 80 Jahre später zogen 2 Millionen Juden aus Ägypten aus und sie waren zweifellos nicht alle alt.

Zumindest ein Baby wurde gerettet, denn Gott hatte große Pläne mit ihm. Es war der Sohn von Amram und Jochebed, beide aus dem Stamm Levi, und Bruder von Aaron und Mirjam. Drei Monate konnte ihn seine Mutter verstecken, schließlich musste sie jedoch aufgeben. Sie setzte ihren Sohn in einem Weidenkörbchen auf dem Nil aus. Als eine Tochter des Pharaos ein Bad im Nil nehmen wollte, entdeckte sie das Körbchen im Riedgras. Sie nannte das Kind Moses. Sie sah, dass es sich um einen jüdischen Knaben handelte und kannte den Befehl ihres Vaters, hatte jedoch Mitleid und erlaubte der Schwester des Babys, eine jüdische Amme für den Kleinen zu suchen. Natürlich war die Amme die Mutter des Kindes, doch entweder erkannte die Prinzessin dies nicht oder sie hatte beschlossen, diese Tatsache zu ignorieren.

Moses' Mutter erzog ihren Sohn in „der Weisheit der Ägypter", wie Stephanus die jüdische Überlieferung zitiert. Die Bibel berichtet nichts über die Kindheit Moses', doch Josephus Flavius teilt mit, dass die Prinzessin Moses eines Tages an den Hof riefen ließ, um ihn dem Pharao vorzustellen und ihren Vater zu bitten, ihn zum Thronerben zu ernennen, falls sie keine Söhne gebären sollte. Der Pharao stimmte zu, umarmte den kleinen Jungen als Zeichen seines Wohlwollens und setzte ihm das königliche Diadem auf. Moses hielt die königliche Insigne jedoch für ein Spielzeug, rollte es auf den Boden und trampelte darauf herum. Der Hohepriester sah darin ein schlechtes Omen und riet dem Pharao, das Kind zu töten, da es den Untergang Ägyptens heraufbeschwöre. Doch der Herrscher verschonte Moses, adoptierte ihn und behandelte ihn wie ein leibliches Enkelkind. Ob er dies aus Liebe zu seiner Tochter tat, oder weil er der Prophezeiung des Hohepriesters nicht glaubte, ist nicht bekannt.

88 Die Mosaiken der „Moseskuppel" in der Markuskirche in Venedig datieren aus dem 13. Jahrhundert und zeigen Episoden aus dem Leben des Propheten. Moses tötet einen Ägypter, um einen Juden zu verteidigen (oben); Moses rastet an einem Brunnen (unten links); Moses verteidigt die Töchter des Priesters Reguel (unten rechts).

Moses wuchs als Prinz auf und sollte sich im Lauf der Jahre als Mann von großem Wert erweisen. Als die Äthiopier in Ägypten einfielen und das ganze Land bis Memphis verwüsteten, waren es die Priester, die vorschlugen, Moses an die Spitze des ägyptischen Heeres zu stellen. Der junge Mann führte seine Männer nicht am Nilufer entlang, was seine Gegner zweifellos erwarteten, sondern durch die Wüste, um sie zu überraschen. Josephus Flavius bemerkt, die Wüste sei ein höchst gefährlicher Ort, denn es wimmle dort von Schlangen „von unglaublicher Stärke, Bosheit und Größe" und es gäbe dort fliegende Schlangen, die aus der Luft angriffen. Der schlaue Heerführer hatte dies jedoch bedacht und mehrere Käfige mit Ibissen mitgenommen, „Vögel, die die natürlichen Räuber der Schlangen sind". Als sie das gefährliche Gebiet erreichten, ließen die Soldaten die Ibisse frei. Sie flogen voraus und säuberten den Weg von allem Getier, das sich am Boden wand. So fiel das ägyptische Heer über die unvorbereiteten Äthiopier her und schlug sie vernichtend. Die Feinde flohen in ihre Heimat und suchten Schutz in der Hauptstadt Saba (später in Meroë umbenannt), die Moses umzingeln und belagern ließ. Die Stadt hielt den Ägyptern lange Zeit stand, denn reißende Flüsse, steile Ufer und hohe Mauern boten ihr Schutz. Dann griff jedoch das Schicksal ein, denn die liebliche äthiopische Prinzessin Tarbi „sah Moses mit großer Tapferkeit kämpfen und bewunderte seine wohl überlegten Taktiken". Sie verliebte sich in den Feldherrn und schlug eine Heirat vor, die den Frieden besiegeln sollte. Moses akzeptierte den Vorschlag, hielt Hochzeit in Saba und kehrte anschließend als erfolgreicher General und Ehemann nach Ägypten zurück.

Die Bibel schweigt über Moses' Kindheit, diese Kriegsgeschichte und seine äthiopische Gattin. Sie berichtet lediglich, dass Moses eines Tages auf einen Ägypter traf, der einen Juden erschlug. Er tötete den Mann und vergrub seinen Leichnam im Sand. Als der Pharao davon hörte, verurteilte er Moses zum Tode. Daraufhin floh dieser aus Ägypten und versteckte sich im Land Midian, dessen Einwohner ebenfalls Nachkommen Abrahams waren. Die Midianiter, Nomaden, deren Existenzgrundlage die Weidewirtschaft bildete, lebten an beiden Ufern des heutigen Golfs von Akaba, der die Sinaihalbinsel von der arabischen Küste trennt. Auf seiner Flucht machte Moses Halt an einer Wasserstelle. Dort verteidigte er sieben Mädchen, die ihre Herden tränken wollten und von Schäfern belästigt wurden, die ihre eigenen Tiere ans Wasser führen wollten. Die Mädchen waren die Töchter von Reguel, dem Priester von Midian, der den Titel Jitro, „Eure Exzellenz", trug. Sie brachten Moses in das Lager ihres Vaters, er wurde zum Wächter der Herden ernannt und erhielt Zippora, die älteste Tochter, zur Frau. Sie gebar ihm zwei Söhne: Gerschom und Elieser.

89 links *Moses vertreibt die Schäfer, die die Töchter Jitros belästigen. Als die Mädchen zu Hause ankommen, erzählen sie ihrem Vater Reguel von dem Vorfall. Der Priester lädt den Fremden ein, an ihrem einfachen Mahl teilzunehmen. Damit begann ein neuer Abschnitt im Leben Moses', der sich im Land Midian niederließ.*

89 rechts *Reguel, der den Titel Jitro trug, entstammte einer langen Linie von Priestern. Moses verweilte viele Jahre im Haus Reguels und heiratete dessen Tochter Zippora. Der Einfluss des Priesters war entscheidend für die Entwicklung des zukünftigen Anführers der Juden. Moses verließ Midian nach 40 Jahren und kehrte nach Ägypten zurück.*

Gegensatz dazu zeigen die Figuren in Rosso Fiorentinos Gemälde Moses verteidigt die Töchter Jitros (Seite 91) eine ausgeprägte Plastizität, die an Michelangelo erinnert.

Der brennende Dornbusch

Moses war 40 Jahre alt, als er Ägypten verließ, und er blieb weitere 40 Jahre bei den Midianitern. Dann erschien ihm der Herr, denn inzwischen war der Pharao (vermutlich Sethos I.) verstorben und die Juden hatten Gott um Hilfe angefleht, da der Thronfolger (vermutlich Ramses II.) sie in ihrer Knechtschaft peinigte. Eines Tages, als Moses die Herden Jitros in den Sinai führte, erkannte er ein deutliches Zeichen: Einer der Dornbüsche, die zwischen den Felsen wuchsen, schien in Flammen zu stehen, obwohl er nicht brannte. Moses näherte sich dem Busch und hörte eine feierliche, geheimnisvolle Stimme, die ihn aufforderte, seine Schuhe auszuziehen, da er sich auf heiligem Boden befinde. „Ich bin der Gott deines Vaters, der Gott Abrahams, der Gott Isaaks und der Gott Jakobs", sprach die Stimme und Moses fiel auf die Knie und bedeckte voll Furcht sein Gesicht. Der Herr verkündete Moses, dass er auserwählt sei, das Volk Israel aus der Knechtschaft Ägyptens zu befreien und es in „ein Land, darin Milch und Honig fließt", führen solle. Moses war erstaunt und zögerlich, denn er fühlte sich einer solchen Aufgabe nicht gewachsen, doch Gott versprach ihm seine Hilfe und demonstrierte ihm die Macht, die er hatte, indem er Aarons Stab in eine Schlange verwandelte. Diesen Stab nahm Moses mit nach Ägypten und bewirkte damit vor den Augen des Pharaos Wunder.

92 *Die Abbildung oben (frühes 16. Jahrhundert) zeigt eine Variante des Themas von Fra Eustachio (Tommaso di Baldassare, 1473–1555), die in einen illuminierten Buchstaben integriert ist. Die Darstellung unten ist eine Interpretation Raffaels und befindet sich in den Loggien im Vatikan.*

93 oben Im Jahr 327 weihte Helena, die Mutter Kaiser Konstantins, der Jungfrau Maria eine Kapelle, die sie im Sinai an der Stelle errichten hatte lassen, an der Moses den brennenden Dornbusch gesehen haben soll. Später entstand hier das Katharinenkloster.

93 unten Das Katharinenkloster erhebt sich in einem engen Tal an der Nordseite des Sinai. Natürliche und von Menschenhand geschaffene Bastionen schützen das Kloster. Die Stätte galt stets als heilig und hat die Jahrhunderte weitgehend unbeschadet überdauert.

94–95 Dank großzügiger Spenden konnte das Katharinenkloster 300 Jahre nach seiner Gründung erweitert werden. Man bat Kaiser Justinian, die Stätte zu befestigen, um sie vor den Angriffen der Beduinen zu schützen. Aus dieser Zeit stammen die roten Granitmauern, die das Kloster umgeben.

95 Mitte Der bedeutendste Brunnen des Klosters ist der Bir Musa (Mosesbrunnen) zur Rechten des Eingangs. Gemäß der Überlieferung traf Moses an diesem Brunnen auf die Töchter Jitros, darunter Zippora, seine spätere Frau. Das Herzstück der Anlage ist die Kapelle des brennenden Dornbusches.

Im Jahr des Herrn 327 identifizierte Helena die Stelle, an der Gott zu Moses gesprochen hatte. Helena war die Mutter des römischen Kaisers Konstantin, der das Christentum zur Staatsreligion erhob. Sie ließ ein Kloster um den brennenden Dornbusch errichten: das Katharinenkloster. Die Legende besagt, dass Engel den Leib Katharinas auf den Berg Sinai brachten, nachdem man sie in Alexandria zu Tode gemartert hatte. Mitte des 6. Jahrhhunderts ließ Kaiser Justinian das Kloster befestigen, um es vor den Angriffen der Beduinen zu schützen, und noch heute ist das Heiligtum ein Refugium des orthodoxen Christentums in einem muslimischen Land. Auch die arabischen Eroberer verschonten das Kloster, denn Mohammed selbst, der die Heiligkeit des Ortes für den Islam erkannt hatte, hatte ein entsprechendes

Gott befreit die Israeliten

Moses und Aaron beschworen den Pharao, die Juden freizulassen, doch der König von Ober- und Unterägypten blieb hart. Gott bestrafte den eigensinnigen Herrscher, indem er zehn „Plagen" schickte, eine schrecklicher als die andere: die Wasser des Nil verwandelten sich in Blut, eine Froschplage suchte das Land heim, dann eine Laus- und schließlich ein Fliegenplage; die ägyptischen Viehherden starben, nicht jedoch die israelitischen, die Menschen litten an Geschwüren, Hagel zerstörte die Ernten und die Bäume und zuletzt fielen Heuschrecken über ganz Ägypten her und verschlangen das, was von den Ernten übrig war. Der Pharao weigerte sich selbst dann noch, die Juden gehen zu lassen, als Ägypten drei Tage in Dunkelheit versank. Er gab sich erst geschlagen, als Gott in seinem Zorn die Erstgeborenen jeder ägyptischen Familie und jeden Tieres sterben ließ, während er die Israeliten verschonte.

96 *Dieses Relief aus dem Ramesseum zeigt Ramses II. in seinem Streitwagen. Der Herrscher kämpft auf seinem Syrienfeldzug – in seinem achten oder zehnten Regierungsjahr – gegen die Streitkräfte von Amurru. Die Abbildung deutet darauf hin, wie entschlossen der Pharao war, die Juden zu quälen.*

97 *Der Moses Michelangelos ist eine Kuriosität in der Ikonographie des Propheten: Er trägt Hörner auf dem Kopf. Die Darstellung ist das Ergebnis eines Übersetzungsfehlers vom Hebräischen ins Lateinische. Die „Lichtstrahlen", die von Moses' Gesicht ausgingen, wurden als „goldene Hörner" übersetzt.*

Die Zehn Plagen Ägyptens

98 und 99 oben *Die erste Plage, die Ägypten heimsuchte, verwandelte die Wasser des Nil in Blut, wie die* Bible historiale *(spätes 13. Jahrhundert) von Guiard des Moulins und die mozarabische Bibel aus dem 10. Jahrhundert illustrieren. Die Kunst der Mozaraber entwickelte sich auch auf Sizilien und verschwand um 1100 wieder.*

99 Mitte *Die Illustrationen aus dem berühmten* Shealtiel Haggadah *zeigen einige der ägyptischen Plagen in der Tradition der jüdischen Kunst: Geschwüre und Hagel (links); Heuschrecken und Dunkelheit (rechts). Das illuminierte Manuskript in katalanischem Stil stammt aus dem 14. Jahrhundert und befindet sich heute im British Museum. Das Wort „haggadah" bedeutet „Geschichte" und die* Haggadah shel Pesach *wird am Passah gelesen.*

Die Durchquerung des Roten Meeres

Schließlich begaben sich die Juden auf die Reise. Sie führten ihre Tiere, Gold- und Silberschmuck und kostbare Gewänder mit sich, die ihnen die Ägypter gemäß der Verheißung Gottes als Entschädigung für ihre Leiden überlassen mussten. Sie wandten sich in südöstlicher Richtung zunächst nach Sukkoth und anschließend nach Etam an den Bitterseen. Hier erfuhren sie, dass der Pharao seine Meinung geändert und sein Heer ausgesandt habe, das die Juden verfolge. Daraufhin änderten sie die Richtung und wandten sich gen Norden, entlang den Sumpfgebieten, durch die viele Jahrhunderte später der Sueskanal gelegt wurde. Das Gebiet befand sich unweit von Baal-Zephon und war als „See des Riedgrases" bekannt. In der griechischen Ausgabe des Alten Testaments wurde dieses Gebiet aufgrund eines Übersetzungsfehlers als Rotes Meer bezeichnet. Mit seinem Stab teilte Moses das Wasser und die Juden konnten das Meer unbeschadet durchqueren. Das nachrückende ägyptische Heer wurde dagegen von den zurückdrängenden Wassermassen verschlungen.

100–101 *Die Karte* Voyages des Enfants d'Israel Dans le Desert Depuis leurs sortie d'Egypte Par la Mer Rouge jusques au Pays de Canaan *stammt aus dem Werk, das Pieter Mortier 1690 in Amsterdam veröffentlichte. Sie zeigt die Wanderungen der Kinder Israels in enger Anlehnung an die Berichte in den Büchern* Exodus *und* Numeri *bis zur Überquerung des Jordan, von der im* Buch Josua *erzählt wird.*

VOYAGE DES ENFANS D'ISRAEL
Dans le Desert Depuis leur sortie
D'EGYPTE
Par la MER ROUGE Iusques au
PAYS DE CANAAN
Nombres XXXIII
Veertig Iaarige Reys togt
DER KINDEREN ISRAELS UYT
ÆGYPTEN DOOR DE ROODE ZEE
ENDE WOESTYNE TOT IN
't Beloofde Landt Canaan.
NUM. XXXIII.
P. MORTIER excud. cum Privilegio
38. Ijjé Abarim
37 Oboth
36 Phunon
Num. XXI. v.t 8.
Exod. XVI. v.t 13.
Pharan Proni
32 Ezeon-Geber
26 Nasmona
24 Tharah
25 Mitka
27 Moseroth
29 Hor-Gidgad
31 Abrona
Maldian
28 Bene Jaakan
30 Jethbatha
12 Sinai
11 Raphidim
Exod. XVII. v.t 8.
MONS SINAI
Exod. XIX. v.t 17.
10 Alus
Thio
9 Daphka
8 Sin Desert
6 Elim
MARE RUBRUM
Iam Suph
5 Mara
Exod. XV.
Exod. XIV. v.t 27.
Etham
Baalzephon
4 Pi Hachiroth
3 Etham
Sur
Sues
Tanis
EGYPTE
2 Succoth
Exod. XII. v.t 34.
Rahmeses
1 Rahmeses
Tome. 1 Page 119.

Die Durchquerung des Roten Meeres

102 und 103 Die Durchschreitung des Roten Meeres gehört zu den am häufigsten dargestellten Episoden der Bibel. Das Gemälde aus dem 16. Jahrhundert stammt von Antonio Tempesta, Maler und Graveur, der das Thema mit der ihm eigenen Lebendigkeit und technischen Präzision behandelt hat. Die Darstellung der Berge im Hintergrund ist eine gelungene Repräsentation der geologischen Formationen entlang der Küste des Roten Meeres. Es scheint beinahe, als habe der Künstler die Region bereist.

Gott nährt sein Volk

Als die Juden den westlichen Rand der Wüste Sur erreichten, befanden sie sich in Sicherheit. Anstatt jedoch ohne Umwege nach Kanaan weiterzuziehen, dem Land, das Gott ihnen verheißen hatte, wandten sie sich nach Süden an den Golf von Sues. Sie folgten Moses' Schwester Mirjam und anderen Frauen, die zu den Klängen der Tamburine vergnügt in Richtung Süden tanzten.
Nach drei entbehrungsreichen Monaten schlug das Volk Israel sein Lager an den Ausläufern des Sinai auf. Ihr Überleben in der einsamen Wildnis von Elim und der Wüste Sin (heute der Negev) hatten sie nur Gott allein zu verdanken, der ihnen Wachtelschwärme schickte und Manna vom Himmel regnen ließ.

104 *Diese Darstellung von Belbello aus Pavia entstammt dem Kodex* Landau Finaly *aus dem 15. Jahrhundert. Moses sorgt dafür, dass Wasser aus einem Fels entspringt, eines der vielen Wunder, die sich auf den Wanderungen der Israeliten in der Wüste ereigneten.*

105 *Das tschechische Gemälde in gotischem Stil (um 1480–1490) zeigt die Episoden der wundersamen Quelle und des Manna, das vom Himmel regnet.*

106 In dieser Darstellung aus dem Kreis Raffaels begleitet eine bedrohlich wirkende Wolke die Übergabe der Zehn Gebote an Moses. Das Gemälde befindet sich in den Loggien im Vatikan und gehört zu einem Zyklus, der im frühen 16. Jahrhundert der Geschichte Moses gewidmet wurde.

107 Bei Tagesanbruch bietet sich ein außergewöhnliches Panorama von den kahlen Bergen, die den Sinai umgeben. Der Gebel Musa (Mosesberg) ist 2285 m hoch.

Moses und die Zehn Gebote

Der Berg rauchte und erzitterte, als Gott Moses anrief, mit ihm auf dem Gipfel zu sprechen. Moses erklomm den Berg mehrmals und erhielt schließlich die Steintafeln mit den Zehn Geboten. Doch während Moses' langer Abwesenheit waren die Israeliten vom Glauben abgefallen und hatten den schwachen Aaron überredet, ihren Schmuck einzuschmelzen. Sie hatten daraus ein goldenes Kalb gegossen, dass sie als Götzenbild anbeteten. Als Moses dies sah, zerschmetterte er voll Zorn die Gesetzestafeln und schleuderte das Idol ins Feuer. Reuig kehrten die Juden zum wahren Glauben zurück und Moses bat Gott im Namen des Volkes um Vergebung. Der Herr übergab Moses zwei neue Tafeln und erneuerte das Bündnis mit dem Volk Israel.

Im Frühling setzte die Karawane ihren Weg in das Gelobte Land fort. Sie umging den Golf von Akaba und wandte sich schließlich nach Norden in Richtung Kanaan. Priester führten den Zug an. Sie trugen die Bundeslade, einen tragbaren Altar aus Akazienholz mit Goldeinlagen. Sie barg die Gesetzestafeln, den Stab, der in Ägypten und der Wüste Wunder bewirkt hatte und etwas Manna, das vom Himmel herabgefallen war. Der Heilige Geist wachte aufmerksam über die Bundeslade, tagsüber in Gestalt einer Wolke und während der Nacht in Gestalt einer Feuersäule. Das Volk Israel folgte den Priestern, unterteilt in die zwölf Stämme, die Jakob etabliert hatte. Nachdem die Juden die Wüste Sin verlassen hatten, gelangten sie in nördlicher Richtung durch Rephidim und kampierten später nahe Kadesch-Barnea an der Grenze zu Kanaan, wo sie Wasser und Weideland vorfanden.

108–109 Die Abbildungen stammen aus einer Handschrift, die der Beichtvater König Philips III. von Frankreich (1270–1285) zwischen 1300 und 1325 anfertigte. Es handelt sich dabei um ein moralisches Kompendium. Dargestellt sind Moses, der die Zehn Gebote in Empfang nimmt, und drei Trompeter vor dem Goldenen Kalb, das unter einem Pavillon in gotischem Stil steht.

AVDI CEPTA
ISREL DOMI
PRE NI

112 oben und 112–113 *40 Jahre wanderten die Israeliten im Negev umher. Seit dieser Zeit hat sich viel verändert. Das seltsame Erscheinungsbild, das die Luftaufnahmen offenbaren, verdankt die Region Kultivierungstechniken, die nur in den flachen Gebieten eingesetzt wurden.*

Das Land von Milch und Honig

Bevor das ganze Volk nach Kanaan ging, wurden zwölf Männer ausgeschickt, um das Land zu erkunden. Sie kehrten nach 40 Tagen zurück und berichteten, dass dies wahrhaftig das „Land von Milch und Honig" sei. Als Beweis hatten sie pralle, süße Weintrauben mitgebracht. Sie berichteten aber auch, dass die Bewohner des Landes so groß seien wie Riesen und dass sie sich neben ihnen wie winzige Heuschrecken fühlten. Außerdem verkündeten sie, dass das Land uneinnehmbar sei. Die Städte würden zu gut verteidigt und die Männer seien zu stark. Nur Josua und Kaleb, zwei der zwölf Kundschafter, hatten Vertrauen in die göttliche Verheißung. Die meisten Israeliten verzagten und haderten mit dem Schicksal, weil sie Ägypten verlassen hatten. Der Herr erzürnte erneut über dieses aufsässige Volk und bestrafte es, indem er es weitere 40 Jahre im Negev umherwandern ließ. Als Moses entschied, dass sein Volk genug gelitten hatte, brach er erneut in Richtung Norden auf und kam in das Land Edom (südlicher Jordan) im Osten. Hier starb Aaron. Man beerdigte ihn auf einem Berg, den die Bibel Hor nennt und der traditionell mit dem Gebel Harun („der Berg Aarons") identifiziert wird.

Die Edomiter ließen die riesige Karawane nicht passieren, ebenso wenig wie die Moabiter nördlich von Edom. Also mussten die Juden die weite und beschwerliche Reise um diese Königreiche auf sich nehmen. Als sie sich abermals Richtung Westen wandten, um das Land der Amoriter zu durchqueren, mussten sie die Streitkräfte König Sihons besiegen, um passieren zu können. Mit diesem Sieg und mit Siegen gegen die Midianiter eroberte das Volk Israel das Land östlich des Jordan. Der inzwischen 120 Jahre alte Moses hatte seine übermenschliche Aufgabe erfüllt, als sein Volk nur wenige Schritte von Kanaan entfernt war. Er versammelte die Menschen am Fuße des Berges Nebo und hielt drei lange Reden über die Gesetze, die für die Israeliten erlassen worden waren. Anschließend erklomm er dem Willen Gottes entsprechend den Berg. Bevor er seine Augen für immer schloss, gewährte ihm der Herr einen Blick auf das Gelobte Land. Gemäß der Überlieferung stieg der Erzengel Michael vom Himmel herab und beerdigte den Leichnam Moses' an einem geheimen Ort.

113 unten Diese emaillierte Tafel ist in der Champlevé-Technik verziert. Sie ist an einem Kreuz befestigt, das im 12. Jahrhundert an der Maas gefertigt wurde, und zeigt zwei der zwölf Männer, die nach Kanaan geschickt wurden, um das Land auszukundschaften. Als Beweis für die Fruchtbarkeit des Landes bringen sie Granatäpfel, Feigen und Weintrauben mit

Der Sieg über die Amoriter

114–115 *Im Kampf gegen König Sihon wenden sich die Juden dem Gelobten Land zu. Nicolas Poussin (1594–1665), einer der größten französischen Künstler des 17. Jahrhunderts, fertigte um 1624 das Gemälde, das Josuas Sieg über die Amoriter zeigt. Kurz darauf war der Maler aufgrund finanzieller Engpässe gezwungen, das großartige Werk für einen Spottpreis zu verkaufen. Heute ist es im Puschkin-Museum in Moskau ausgestellt.*

116–117 Das große Fresko Testament des Moses in der Sixtinischen Kapelle – an dem zweifellos Luca Signorelli mitgewirkt hat – stellt ein Thema dar, das die Mosaiken des frühen Mittelalters und die Abbildungen in den Bibelkodexen immer wieder aufgreifen.

DAS LAND VON MILCH UND HONIG

118 Unter Leitung von Josua bereitet sich das Volk Israel auf die Durchschreitung des Jordan vor. Ungewöhnlich ist, dass die Figuren von hinten dargestellt sind. In der Ferne erkennt man die Stadt, die sie erreichen wollen, mit einem Turm im Stil des 15. Jahrhunderts. Das Werk stammt aus einem flämischen illuminierten Kodex des 15. Jahrhunderts, der sich im Musée Condé (Chantilly, Frankreich) befindet.

119 Die Darstellung stammt aus der Maciejowski-Bibel *(Kopie in der Morgan Library, New York), die den ersten Teil des Alten Testaments von der Genesis bis zur Geschichte König Davids illustriert. Die Seite zeigt Episoden aus dem Leben Simsons, der stets gegen die Philister kämpfte. Bemerkenswert ist die ungewöhnliche Szene oben rechts: Auf der Flucht hebt Simson die Tore Gazas aus den Angeln.*

Die Überquerung des Jordan

Als Moses vom Berg Nebo herabsah, erblickte er Obstgärten, Felder, Wälder und Weideland, auf dem Schaf- und Ziegenherden grasten. Weinstöcke, Olivenbäume, Dattelpalmen, Walnuss-, Pistazien- und Johannisbrotbäume, Sykomoren, Pappeln, Tamarisken und Eichen prägten das Landschaftsbild. Bereits viel früher, als Kanaan noch den Pharaonen gehörte, versetzte das fruchtbare Land einen ägyptischen Fürsten in Erstaunen: „Dies ist ein wunderschönes Land. Hier gibt es Feigen und Saubohnen und mehr Wein als Wasser; Honig gibt es im Überfluss, Öl und alle Früchte sind unbegrenzt vorhanden. Gerste und Spelt gedeihen; das Land wimmelt von Vieh. Jeden Tag bereiteten sie Brot für mich, sie brachten mir Wein, Fleisch, Geflügel und Wild im Überfluss."

Nachdem sich die Kanaaniter vom Joch der ägyptischen Herrschaft befreit hatten, teilten sie das Land in mehrere kleine Staaten auf, die jeweils von einem König regiert wurden. Die Menschen lebten in Wohlstand, beteten die Sonne, den Mond, die Sterne und einige „grausame und infame" Götter an, wie zum Beispiel Baal, Astarte, Molek und Kemosch, dem sie Menschenopfer darbrachten. Diese Verderbtheit erregte den Zorn Gottes und veranlasste ihn, das Land zur Strafe den Juden zu übergeben. Die Bibel weist mehrmals darauf hin, dass die Enteignung vom Himmel angeordnet wurde. Josua, der neue Anführer des auserwählten Volkes, war 85 Jahre alt, als man die Vorbereitungen zur Eroberung des Gelobten Landes traf. Er hatte bereits unter Moses' Kommando Erfahrungen gesammelt und großes Geschick, Mut, Weisheit und Intelligenz bewiesen. Er war es, an den der Herr sich wandte, als die Zeit gekommen war: „Mein Knecht Mose ist gestorben, so mache dich nun auf und zieh über den Jordan, du und dies ganze Volk, in das Land, das ich ihnen, den Kindern Israels gegeben habe … Kein Mensch soll jemals über dir stehen, solange du lebst. Wie ich mit Mose gewesen bin, so will ich auch mit dir sein. Ich werde dich nicht aufgeben und dich nicht verlassen … Fürchte dich also nicht und hab keine Angst, denn der

Herr, dein Gott ist mit dir, wo immer du gehst.“ Josua hatte vollstes Vertrauen in dieses Versprechen.

Die Juden hatten ihr Lager auf der Hochfläche Moab aufgeschlagen, wenige Kilometer von Jericho entfernt, das auf der anderen Seite des Jordan lag. Über Jericho gelangte man in die wichtigste Region und die Stadt kontrollierte die Straßen in nordsüdlicher Richtung, die sich am Fuße des Gebel Karantal erstreckten. Man nannte Jericho „Stadt der Palmenhaine“ oder „Paradies von Kanaan“, denn es war von einer fruchtbaren Ebene mit üppiger Vegetation umgeben. Bibelausleger bemerken jedoch, dass „seine Korruption seinem Glanz ebenbürtig war“. Jericho war ein zweites Sodom und sollte ein ähnliches Schicksal erleiden. Josua vertraute zwar seinem göttlichen Schutz, dennoch traf er Vorkehrungen, bevor er die befestigte Stadt angriff. Er schickte zwei junge Männer als Kundschafter nach Jericho. Sie erreichten die Stadt nach einem sechsstündigen Fußmarsch und verweilten im Haus einer Prostituierten und Gastwirtin namens Rahab. Sie war eine Sünderin mit gutem Herzen. Als die Bewohner der Stadt von den beiden Fremden in ihrer Mitte hörten, dachten sie sogleich an jüdische Kundschafter und informierten ihren König. Der Herrscher sandte seine Soldaten aus, um die beiden gefangen zu nehmen, doch Rahab versteckte sie unter dem Flachs auf dem Dachboden ihres Hauses und erzählte den Soldaten, die Männer seien bereits abgereist. Die Soldaten nahmen die Verfolgung in Richtung des Jordan auf, in der vergeblichen Hoffnung, das Paar zu erwischen. Vorsichtshalber ließ der König die Tore der Stadt schließen.

In der Zwischenzeit erklärte Rahab den beiden Männern, weshalb sie ihr Leben gerettet hatte. Die Geschichten über die Großtaten des Gottes der Juden, der das Meer geteilt und einen Sieg über die Amoriter ermöglicht hatte, waren auch in Jericho bekannt. Deshalb käme sie, Rahab, nicht umhin, zu glauben, dass solch ein mächtiger Gott, der einzig wahre Gott über Himmel und Erde sei. Diese Glaubenstat ermöglichte ihr die Heirat eines Fürsten vom Stamme Juda, machte sie zur Ahnfrau Davids und des Messias und brachte ihr postum das Lob des heiligen Paulus ein.

Die beiden Kundschafter kletterten vom Dachboden Rahabs auf die Stadtmauern und kehrten zu Josua zurück. Sie berichteten ihm, dass die Bewohner der Stadt vor dem Namen der Juden erzitterten. Daraufhin zog das ganzen Volk – kein Heer – aus, den Jordan zu überqueren. Es war mehr eine religiöse Prozession als ein militärischer Vorstoß. Die Bundeslade wurde in einem Abstand von 2 000 Ellen (etwa 1 km) feierlich vor dem jüdischen Zug getragen und Gott persönlich ebnete den Weg nach Kanaan. Es war Frühjahr und das Schmelzwasser aus den Bergen hatte den Fluss anschwellen und zu einem reißenden Strom werden lassen. Doch sobald die Träger der Bundeslade das Ufer erreichten, ruhte der Fluss. Die Wasser, die flussabwärts strömten, kamen zum Stillstand, sodass das Flussbett trocken war und die Priester mit der Bundeslade und die übrige Prozession den Fluss unbeschadet überqueren konnten. Als alle Menschen das jenseitige Ufer erreicht hatten, begaben sich auch die Priester, die mit der Bundeslade in der Mitte des Flussbettes angehalten hatten, auf die andere Seite und das Wasser begann, von neuem zu fließen. Zuvor hatte Josua auf der anderen Seite des Flusses seinem Volk ein rudimentäres Monument aus zwölf Steinen errichtet. Zwölf weitere Steine, für jeden Stamm einen, hatte er auf die kanaanitische Seite mitgenommen.

120–121 und 121 *Szenen aus dem Alten Testament aus einem bedeutenden Mosaikzyklus in der Basilika Santa Maria Maggiore, Rom. Die beiden Ausschnitte zeigen Episoden aus dem* Buch Josua*: die Durchschreitung des Jordan und die Szene der Entsendung der Kundschafter nach Jericho, in der Rahab (auf der Mauer) den Häschern des Königs mitteilt, dass die beiden Männer die Stadt bereits verlassen haben. Diese und andere Darstellungen aus den Büchern* Exodus, Numeri *und* Josua *konzentrieren sich auf die Unterstützung, die Gott dem auserwählten Volk auf seiner langen Reise in das Gelobte Land zuteil werden lässt.*

Der Fall Jerichos

Sie wurden in Gilgal aufgestellt, um für alle Zeit an das Wunder zu erinnern. Gilgal lag auf halbem Weg zwischen dem Jordan und Jericho und war jene Stätte an der später eine Stadt gegründet wurde, in der man noch im Mittelalter den Pilgern die zwölf Steine zeigte. Hier schlugen die Juden ihr Lager auf und gaben sich religiösen Feierlichkeiten hin. All jene, die noch nicht beschnitten waren, wurden beschnitten und man feierte das Passah, ein Fest, das die Kinder Israels auf ihren Wanderungen nur am Fuße des Sinai begehen konnten.

Nach ihrer Reinigung waren die Juden bereit, Jericho einzunehmen. Doch bevor sie vorstoßen konnten, sah sich Josua einem Mann mit gezogenem Schwert gegenüber, der verkündete, er sei der „Hauptmann des Heeres des Herrn“. Er war gekommen, um Jericho, dessen König und dessen Volk in die Hände der Juden zu legen. Gottes Anweisungen lauteten, dass die Juden sechs Tage lang in vollkommener Stille um die Stadtmauern marschieren sollten. Die Bewohner würden sie von den Mauern herab beobachten, geängstigt von dem mysteriösen Spektakel. Schließlich sollte die Bundeslade am siebten Tag von sieben Priestern vorgebracht werden. Dabei sollten die Priester das Widderhorn blasen, mit dem sie schaurige, bedrohliche Musik erzeugen konnten. Sieben Tage taten die Juden, wie ihnen geheißen, um schließlich auf Befehl Josuas alle gleichzeitig zu schreien, als die Hörner erklangen. Daraufhin stürzten die massiven Mauern von Jericho in sich zusammen. Die jüdischen Krieger überrannten die Stadt und töteten jeden Mann, jede Frau und jedes Kind mit Ausnahme Rahabs und ihrer Familie. Sie wurden verschont, weil sie den Juden geholfen hatten. Man steckte Jericho in Brand und übergab den Priestern eine stattliche Kriegsbeute aus Gold, Silber und Bronze, damit sie Gott ehren konnten.

122 Bible historiale, *spätes 13. Jahrhundert, Guiard des Moulins. Die Abbildung zeigt einen Engel mit gezücktem Schwert, dem Josua vor den Mauern von Jericho begegnet. Typisch für den Kunststil sind die türkisfarbenen Flügel des Engels.*

123 Mit Schild und Speer bewaffnete Soldaten greifen die berühmten Mauern von Jericho an. Unter dem Klang der Trompeten und dem Kriegsgeschrei der Juden stürzen die Mauern ein. Künstler im Kreis Raffaels haben den dramatischen Moment aus Josua 6, 20 in den Loggien im Vatikan verewigt.

Steh still, oh Sonne!

Josua verfluchte die Stadt und jeden, der versuchen sollte, sie wieder aufzubauen. Zur Zeit König Achabs schickte sich der gottlose Hiel von Bethel an, Jericho über seinen Ruinen wieder aufzubauen. Dabei wurde sein Ältester getötet, als er die Grundmauern legte, und sein Jüngster, als er die Stadttore in Position brachte. Man weiß nicht, wie lange diese zweite Stadt erhalten blieb. Sie existierte jedoch schon nicht mehr, als Antonius den Bezirk an Kleopatra übergab, die ihn begehrte, damit sie gegen Herodes den Großen intrigieren konnte.

den Lauf der Sonne anzuhalten. „Da stand die Sonne still und der Mond blieb stehen … Die Sonne blieb stehen mitten am Himmel und beeilte sich, nicht unterzugehen beinahe einen ganzen Tag. Und es war kein Tag diesem gleich weder vorher noch danach … denn der Herr kämpfte für Israel." In dem Versuch, den religiösen Glauben mit der Astronomie zu versöhnen, schlugen fromme Bibelausleger des 19. Jahrhunderts zaghaft vor, dass es an jenem Tag eine optische Täuschung gegeben haben müsse, eine lokal begrenzte Refraktion des Lichts. Was auch geschehen sein mag, Josua blieb genug Zeit,

124 Die Maciejowski-Bibel *ist auch als* Kreuzfahrerbibel *bekannt, denn die Surcots der Krieger erinnern an mittelalterliche Überwürfe. Josua kämpft gegen die Könige der Amoriter (oben). Die besiegten Könige werden in einer Höhle nahe Makkeda gefangen genommen und anschließend aufgehängt (unten).*

125 Eine Episode aus der Geschichte Josuas im Vatikan zeigt den Anführer der Israeliten, der Gott bat, den Lauf von Sonne und Mond anzuhalten. Man erkennt die Handschrift Pierino del Vagas, der vermutlich an dem Freskenzyklus mitgewirkt hat. Del Vaga war ein Lieblingsschüler Raffaels und beteiligte sich 1520 an der Gestaltung der Loggien.

126–127 Die Karte von Abraham bar Yaakov aus dem Jahr 1695 gehört zu den ersten, die mit hebräischen Anmerkungen versehen sind. Sie zeigt die Route der Juden während des Exodus und die Unterteilung der Stämme Israels. Die Abbildungen in den Ecken haben Symbolcharakter: Die Honigwaben und die vier Kühe repräsentieren die Fruchtbarkeit des Gelobten Landes, während der Adler die göttliche Macht und die Frau auf dem Krokodil Afrika verkörpert. Des Weiteren sind Jona und der Wal dargestellt sowie die Reise der Schiffe Salomos in den Libanon, von der sie Zedernholz für den Tempelbau mitbringen.

Herodes der Große gründete südlich der ursprünglichen Stadt ein drittes Jericho mit Palästen, Gärten, Theatern und einem Zirkus, das er zu seiner Winterresidenz machte. Er starb 4 v. Chr. in dieser Stadt, die zum Treffpunkt für jüdische Pilger aus Perea und Galiläa geworden war, die sich auf dem Weg zum Tempel in Jerusalem befanden. Nach dem Fall Jerichos errangen die Israeliten mehrere militärische Siege und ergriffen von weiten Teilen Kanaans Besitz. Dabei half ihnen ein weiteres, noch spektakuläreres Wunder. Die Streitkräfte Israels eilten der Stadt Gibeon, einer Verbündeten, zu Hilfe, als diese von der Konföderation der fünf Amoriterkönige angegriffen. Während der Schlacht bemerkte Josua, dass der Tag zu weit fortgeschritten war, um einen Sieg über seine Feinde erringen zu können, deshalb bat er Gott,

die Amoriter vernichtend zu schlagen. Er drängte die fünf Könige zurück in eine Höhle nahe der Stadt Makkeda. Dort wurden sie gefangen genommen und an fünf Bäumen aufgehängt. Das übrige *Buch Josua* liest sich wie ein Kriegsbericht. Es werden die Länder aufgelistet, die erobert wurden, und ihre Aufteilung unter den Stämmen Israels wird beschrieben. Der Anführer des auserwählten Volkes erhielt eine Stadt für sich allein: Thimnath-Serah im Gebiet des Stammes Ephraim. Hier starb er im Alter von 110 Jahren, nachdem er befohlen hatte, die Stiftshütte und die Bundeslade nach Silo auf den Gipfel eines kleinen Berges zu bringen. Silo war drei Jahrhunderte lang das religiöse Zentrum des auserwählten Volkes und eine Pilgerstätte für alle zwölf Stämme.

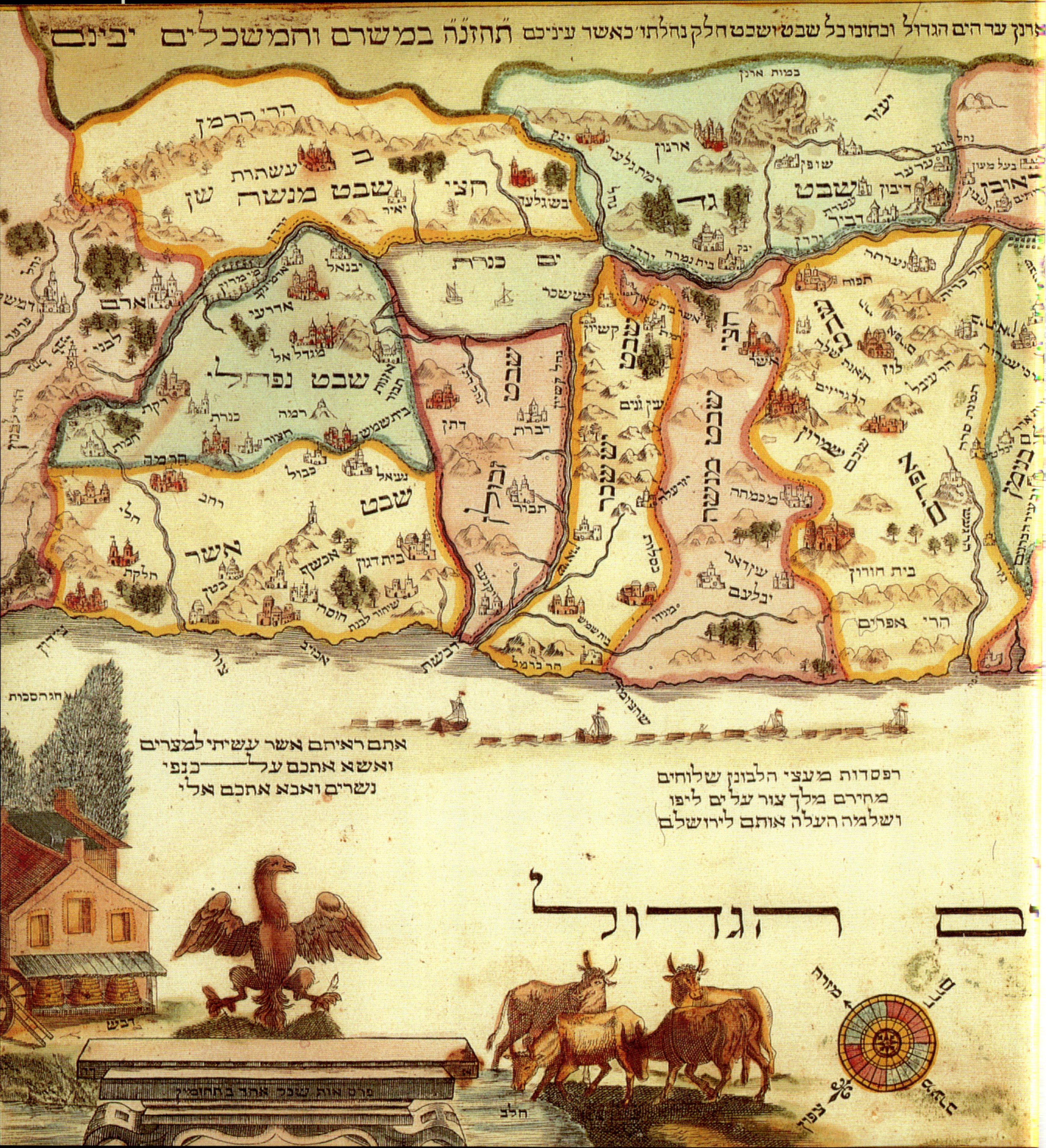
ארנן עד הים הגדול ובתוכו כל שבט ושבט חלק נחלתו כאשר עיניכם תחזנה במשרם והמשכלים יבינם
שבט מנשה
שבט נפתלי
ים כנרת
שבט אשר
גד
ראובן
אתם ראיתם אשר עשיתי למצרים
ואשא אתכם על כנפי
נשרים ואבא אתכם אלי
רפסדות מעצי הלבנון שלוחים
מחירם מלך צור על ים ליפו
ושלמה העלה אותם לירושלם
ים הגדול

זאת לדעת לכל בר דעת דרך המסעות ארבעים שנה במדבר והרוחב והאורך של ארץ הקדושה מנהר מצרים עד עיר דמשק
ים המלח
מדבר צין הוא קדש
מדבר סיני
מדבר פארן
מדבר שור
ארץ פלשתים
ארץ מצרים
ים סוף
שבט יהודא
שבט דן
שבט שמעון
באר שבע
עמלק
אלבסנדרי
לוח המסעות במדבר
אשר על פי ה׳ יסעו ועל פי ה׳ יחנו
א״ רעמסס | טו״ רתמה | יט״ חרהגדגד
ב״ סכת | טז״ רמן פרץ | ל״ יטבתה
ג״ אתם | יז״ לבנה | לא״ עברנה
ד״ פיהחירת | יח״ רסה | לב״ עציון גבר
ה״ מרה | יט״ קהלתה | לג״ מדבר צין
ו״ אילם | כ״ הרספר | לד״ הרההר
ז״ ים סוף | כא״ חרדה | לה״ צלמנה
ח״ מדבר סין | כב״ מקהלת | לו״ פונן
ט״ דפקה | כג״ תחת | לז״ אבת
יוד״ אלוש | כד״ תרח | לח״ דיבן גד
יא״ רפידם | כה״ מתקה | לט״ עלמן דבלתים
יב״ מדבר סיני | כו״ חשמנה | מ״ הרי עברים
יג״ קברות התאוה | כז״ מסרות | מא״ ערבת מואב
יד״ חצרת | כח״ בני יעקן
אברהם בר יעקב

128 Eine weitere Szene aus der Maciejowski-Bibel, die die Eroberung des Gelobten Landes thematisiert. Nach dem Tod Josuas tötet der Benjaminiter Ehud Eglon, den König von Moab, der das Volk Israel 18 Jahre versklavt

129 *Ein französischer Künstler, der vielleicht aus Paris stammte, illustrierte die* Kreuzfahrerbibel *um 1250. Jael tötet Sisera in einem Gemach, das mittelalterlich anmutet (oben). Gideon, der das Korn drischt, ist wie ein Bauer des 13. Jahrhunderts gekleidet (unten links). Der Engel des Herrn verbrennt mithilfe seines Stabes, ein Zeichen der Anwesenheit Gottes, das Fleisch und das ungesäuerte Brot, das Gideon opfert. (unten rechts).*

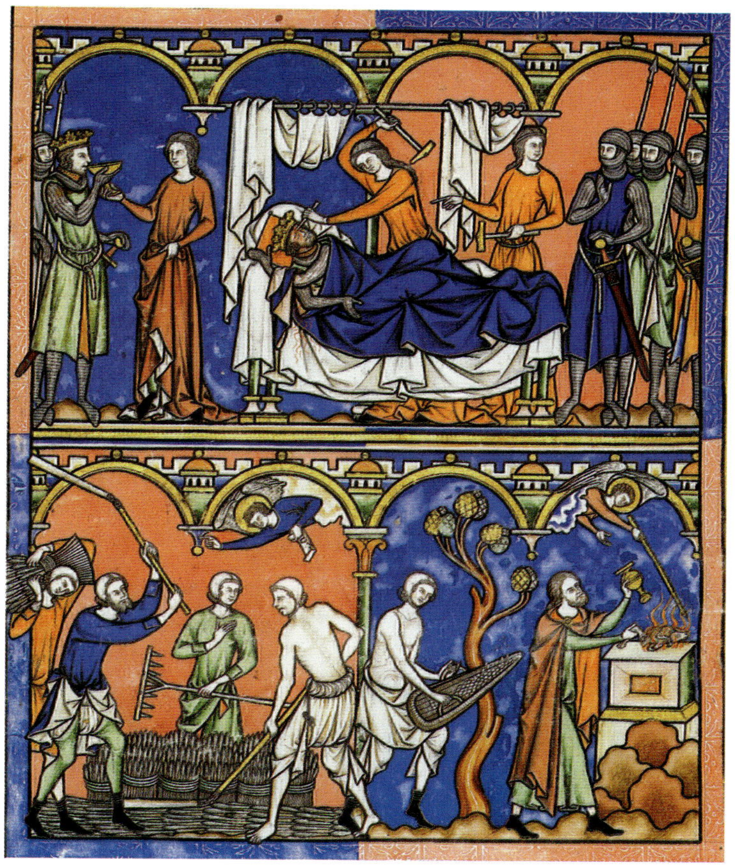

Auch nach dem Tod Josuas dauerte der Krieg an, denn Teile Kanaans waren noch immer in der Hand der Kanaaniter, die erbitterten Widerstand leisteten. Das Volk Israel eroberte zunächst Jerusalem und anschließend Hebron, wo gemäß Josephus Flavius „noch immer Gruppen von Riesen lebten, die aufgrund ihrer Körpergröße und ihrer Gesichtszüge, völlig anders als alle Menschen, komisch anzusehen und furchtbar anzuhören waren". Der Geschichtsschreiber fügt hinzu, dass man ihre Gebeine noch immer bewundern könne. Diese Zeit markiert den Beginn der „Richter", ein Wort, das sich auf die Hauptleute des Volkes Israel bezog, die Gott selbst in unregelmäßigen Intervallen auswählte. Sie schlossen die Eroberung Kanaans ab oder führten die Israeliten gegen eindringende Ausländer. Ihre Pflichten lagen in erster Linie auf militärischem Gebiet und ihre Befehlsgewalt war zeitlich begrenzt. Als man Gideon, einem dieser Richter, die Königskrone anbot, lehnte er mit der Begründung ab, dass die Juden nicht geboren seien, um einem irdischen König zu dienen, sondern nur Gott. Die Bibel berichtet von einigen Richtern ausführlicher, wie zum Beispiel von Debora, einer Prophetin, die, obgleich eine Frau, unter einer Palme zwischen Rama und Bethel im Gebirge Ephraim „über Israel richtete". Wie bereits zu anderen Zeiten war das auserwählte Volk in Sünde verfallen und der Herr bestrafte es, indem er es vom kanaanitischen König Jabin besiegen und zwölf Jahre unterdrücken ließ. Jabin verfügte über 300 000 Soldaten, 10 000 Reiter und 900 Streitwagen. Als Gott sich der Juden erbarmte, veranlasste er Debora, einen Krieger namens Barak zu sich rufen zu lassen und mit ihm eine Streitmacht zusammenzustellen, die Israel von seinem Joch befreien sollte. Barak und Debora kampierten mit einem 10 000 Mann starken Heer am Fuße des Tabor. Doch als die Truppen die gigantische Armee unter Hauptmann Sisera näher kommen sahen, erzitterten sie vor Furcht. Debora aber versprach ihnen den Sieg im Namen des Herrn und entflammte sie mit heiliger Inbrunst, sodass sie sich in der Jesreelebene gegen die Kanaaniter warfen. Die Stätte ist auch als Megiddo bekannt und war vorher und nachher Schauplatz vieler Schlachten, zum Beispiel unter Ramses II. oder unter Napoleon. Trotz ihrer zahlenmäßigen Überlegenheit, konnten Siseras Soldaten die Schlacht nicht für sich entscheiden, denn Gott schickte peitschenden Regen und Hagel, der ihnen die Sicht nahm. Es kam jedoch noch schlimmer, als der Regen den Kishon, der sich durch die Ebene zieht, über die Ufer treten ließ. Die Fluten rissen die Kanaaniter mit sich hinfort. Noch heute nennen die Araber den Fluss Nahr el Muqatta, „Fluss des Massakers". Sisera blieb allein zurück, denn all seine Männer waren tot oder geflohen. Er stieg von seinem Streitwagen und floh in das Dorf Kades, wo er Zuflucht im Zelt von Jael suchte, dem Weib von Heber, dem Keniter. Sie gab vor, Sisera willkommen zu heißen, und versteckte ihn unter einem Teppich. In Wahrheit stand sie jedoch auf der Seite Israels, wenngleich sie keine Israelitin, sondern Kanaaniterin war. Nachdem Sisera eingeschlafen war, nahm sie einen Zeltnagel und trieb ihn durch seine Schläfe in den Boden. Als Barak das Dorf erreichte, fand er seinen Feind in seinem eigenen Blut.

Die Seevölker

Doch selbst nach ihrer Befreiung von den Kanaanitern „taten die Kinder Israels Böses vor dem Herrn" – vielleicht wandten sie sich erneut dem Götzendienst zu – und Gott zog sie wiederum zur Verantwortung. In sieben aufeinander folgenden Jahren suchten die Midianiter, die Amalekiter und die Araber die Israeliten heim. Sie begingen Plünderungen und verwüsteten das Land, bis die Bewohner gezwungen waren, die Ebenen aufzugeben und sich in die Berge zurückzuziehen. Schließlich erflehten sie die Hilfe des Herrn und er erwählte einen neuen Richter namens Gideon vom Stamm Manasse. Ein Engel kam zu Gideon auf dem Feld und verkündete ihm seine heilige Aufgabe. Gott stellte seine Macht einmal mehr unter Beweis, als die Midianiter und ihre Verbündeten an den Ausläufern der Ebene von Megiddo am Moreh kampierten. Sie hielten das westliche Ende des Tals besetzt, „wie eine große Zahl Grashüpfer und ihre Kamele waren so zahlreich wie der Sand am Meer". Gideon lagerte mit 32 000 Mann auf einer Seite des Gilead. Sein Gegner verfügte über 130 000 Mann. Doch der Herr sagte zu Gideon, sein Heer sei zu groß und die „Besorgten und Ängstlichen" sollten es verlassen. 10 000 Mann blieben übrig. Noch immer war die Zahl dem Herrn zu groß. Er führte die Krieger ans Wasser und schickte all jene fort, die niederknieten und „das Wasser mit ihrer Zunge aufleckten, wie ein Hund es tut". Es blieben nur 300 Mann übrig, die das Wasser aus der hohlen Hand getrunken hatten. Mit ihnen griff Gideon in der Nacht die Midianiter an. Er bildete drei Abteilungen und stattete jeden Mann mit einer Trompete, einem Krug aus, in dem eine Fackel steckte. Die Krieger schlichen sich in das feindliche Lager und auf Befehl Gideons bliesen sie gleichzeitig ihre Hörner und zerbrachen die Krüge, sodass die Lichter alle zugleich sichtbar wurden. Verwirrung und Panik machten sich unter den Midianitern breit und sie bekämpften sich gegenseitig. Jene, die flohen und versuchten, den Jordan zu überqueren, wurden von den Juden Ephraims niedergestreckt, die auf Befehl Gideons aus den Bergen kamen. Nach diesem Massaker regierte Gideon 40 Jahre über Israel, ohne sich krönen zu lassen.

Die Kinder Israels missfielen dem Herrn jedoch weiterhin. In einem kontinuierlichen Kreislauf verhängte er neue Strafen und ernannte neue Richter, bis er sein Volk schließlich „für 40 Jahre in die Hand der Philister gab".

Die Ägypter nannten die Philister „Seevölker". Vielleicht kamen sie von der Insel Kreta, in der Absicht Ägypten und seine Schätze zu erobern. 1188 v. Chr. wurden sie von Ramses III. vertrieben. Sie ließen sich an der Küste Kanaans nieder, die nach ihnen benannt wurde: Palästina. Hier schlossen sie sich zu einer Pentapolis zusammen: Ekron, Aschdod, Aschkelon, Gath und Gaza, die bedeutsamste Stadt. Und „sie herrschten über Israel".

Ein Engel verkündete einer Frau, deren Namen die Bibel nicht nennt, die bevorstehende Rettung. Sie war die Frau eines wichtigen Mannes namens Manoah vom Stamm Dan. Der Bote Gottes prophezeite ihr die Geburt eines Sohnes und wies sie an, keinen Wein zu trinken und keine unreinen Lebensmittel zu sich zu nehmen noch dem Knaben das Haar zu schneiden, denn der Herr würde das Kind auf wundersame Weise mit übermenschlichen Kräften ausstatten, die sein Haar ihm verleihen werde. Der Knabe wurde Simson genannt. Er wuchs unter dem Segen Gottes auf. Als er zum Mann herangewachsen war, „begann der Geist des Herrn, ihn zu bewegen". Eines Tages verließ er seinen Geburtsort und begab sich nach Thimnath. Dort sah er eine junge Philisterin, die seine Aufmerksamkeit erregte. Er bat seine Eltern trotz des Gesetzes, das den Israeliten Mischehen verbot, sie aufzusuchen und um die Hand des Mädchens anzuhalten. Als sich seine Eltern widerstrebend auf den Weg machten, begleitet er sie. Er ging jedoch allein „durch die Weinstöcke", denn er war eine mürrische und eigenbrötlerische Person.

130 *Darstellung aus der* Maciejowski-Bibel. *Gideon befolgt die Anweisung Gottes und zerstört den Altar Baals, den sein Vater errichtet hatte (oben links). Anschließend bläst er zum Kampf und zieht in die Schlacht gegen die Midianiter. Der Mann hinter Gideon (oben rechts) hält das Schafffell in Händen, mit dem er Gottes Willen testet, indem er es zwei Nächte der Feuchtigkeit aussetzt. Nimmt das Fell die gesamte Flüssigkeit auf, sodass der Erdboden trocken bleibt, weiß Gideon, dass Gott mit ihm ist. Die Midianiter werden besiegt (unten).*

131 *Das flämische Manuskript aus dem 15. Jahrhundert zeigt die Episode der Geschichte Gideons, in der Gott seinen Diener auffordert, seine Männer zum Trinken ans Wasser zu führen, damit er entscheide könne, wer am Angriff auf die Midianiter teilnehme. Der Herr wollte vermeiden, dass die Israeliten den Sieg ihrer großen Zahl und nicht seiner göttlichen Unterstützung zuschrieben. Daher verkündete er Gideon, er solle nur jene auswählen, die das Wasser mit der hohlen Hand schöpften. Von 10 000 Mann blieben nur 300 übrig.*

Simson

Unterwegs wurde er von einem Löwen angegriffen, den er mit bloßen Händen tötete. Als er einige Tage später wieder an dem Tier vorüberkam, sah er, dass Bienen ihren Stock in das Maul des Löwen gebaut hatten, und er aß ihren Honig.

An dem Bankett, das zur Hochzeit abgehalten wurde, nahmen 30 junge Philister teil. Ihnen stellte Simson, wie es Brauch war, ein Rätsel. Falls sie es lösten, erhielten sie 30 neue Hemden und 30 Festkleider. Sein Rätsel lautete: „Speise ging von dem Fresser und Süßigkeit von dem Starken." Niemand konnte die Verbindung zu dem Löwen und dem Honig herstellen, denn Simson hatte nur seiner Gemahlin davon erzählt. Doch die Philister wollten die Wette gewinnen und bedrängten Simsons Weib, bis sie ihnen das Geheimnis preisgab. Als sie triumphierend Simsons Rätsel lösten, erkannte er, dass seine Frau ihn verraten hatte, und sein Zorn war grenzenlos. Er ging nach Aschkelon, ermordete 30 Philister und beraubte sie ihrer Kleider, um seine Schuld zu begleichen. Anschließend kehrte er in das Dorf seiner Eltern zurück. Simsons Gemahlin erklärte ihre Ehe für ungültig und verheiratete sich mit einem der 30 Philister. Simson hatte sie jedoch nicht aufgegeben und kehrte zurück, um sie in sein Haus zu bringen. Als er diese zweite Kränkung hinnehmen musste, schwor er, an allen Philistern Vergeltung zu üben.

132–133 Der neapolitanische Künstler Luca Giordano hatte eine lebhafte Fantasie und arbeitete außergewöhnlich schnell (deshalb wurde er auch „Luca fa presto", „Luca, mach schnell", genannt). Das Gemälde datiert aus der letzten Schaffensperiode des Künstlers und zeigt Simsons Kampf mit dem Löwen. Es ist im Museo del Prado in Madrid ausgestellt. Dort lebte Giordano zwischen 1692 und 1702 als Hofmaler Karls II.

134 *Die Kohlezeichnung von Tintoretto (1518–1594) zeigt Simson, der die Philister massakriert. Bemerkenswert ist die perfekte Darstellung der angespannten Muskeln. Die Philister stammten ursprünglich vermutlich von der Insel Kreta und kamen im 13. Jahrhundert v. Chr. an die Küste.*

135 *Mit dem Kinnbacken eines Esels soll Simson 1 000 Philister getötet haben. Das expressive Werk von Giorgio Schiavone, der in der zweiten Hälfte des 15. Jahrhunderts tätig war, greift dieses Thema auf. Der wahre Name des bedeutenden dalmatischen Künstlers lautete Çulinoviç, in Italien signierte er jedoch mit Sclavonus (Slawe).*

Als der Sommer kam, sah Simson das Getreide seiner Feinde in der Sonne reifen. Daraufhin fing er 300 Füchse ein, band brennende Holzscheite an ihre Ruten und ließ sie auf die Felder los. Sie steckten das Getreide, die Weinstöcke und die Olivenbäume in Brand. Im Gegenzug verbrannten die Philister seine Frau und deren Vater bei lebendigem Leibe, denn man beschuldigte sie, die Katastrophe verursacht zu haben. Anschließend schwärmten die Philister aus, um Simson einzufangen. Damit begann ein Zermürbungskrieg. Die Philister griffen die Juden immer wieder an und die Anführer des Stammes Juda forderten Simson auf, sich ausliefern zu lassen. Er stimmte zu, ließ sich binden und die Philister führten ihn im Triumph ab. Doch plötzlich sprengte er seine Fesseln und schlachtete die Philister ab. Er ergriff einen Pfahl und tötete damit 1 000 Feinde. Dann nannte er den Ort, der nordwestlich von Bethlehem liegt, Ramath-lehi („Riegel der Schlucht"). Gott ließ Wasser über einen Felsen strömen, damit Simson seinen großen Durst nach einer solchen Schlacht löschen konnte. Belustigt über die schwachen Feinde, ging Simson geradenwegs nach Gaza, der Hauptstadt der Philister. Dort machte er im Haus einer Prostituierten Halt. Die Philister waren überzeugt, ihn gefangen zu haben und verriegelten die Stadttore. Doch mitten in der Nacht stand Simson auf, hob die Tore samt ihren Wachposten empor und trug sie auf einen Hügel nahe Hebron. Seinen endgültigen Untergang besiegelte die Liebe zu einer Frau namens Delila, die er am Bach Sorek traf. Als die Philister von dieser Verbindung erfuhren, bot die königliche Familie Delila viel Geld, wenn sie das Geheimnis um die übermenschlichen Kräfte Simsons lüften würde. Dreimal belog Simson seine Geliebte, der er erlaubt hatte, ihn in Ketten zu legen, die er mühelos sprengte. Beim vierten Mal erzählte er ihr jedoch die Wahrheit über sein Haar, ohne zu wissen, „dass der Herr sich von ihm abgewandt hatte". Delila wiegte Simson in ihrem Schoß in den Schlaf, schnitt ihm das Haar ab und rief die Philister. Diese ergriffen ihn, stachen ihm die Augen aus und brachten ihn nach Gaza. Dort ließen sie ihn im Gefängnis ein schweres Mühlrad drehen. Als sich die Fürsten der Philister kurz darauf in Gaza versammelten, um ihrem Gott Dagon ein Opfer darzubringen, verlangten sie nach dem blinden Simson, den ein junges Mädchen hereinführen sollte, damit er sie unterhalte. Fatalerweise bemerkten sie nicht, dass das Haupthaar ihres Gefangenen inzwischen nachgewachsen war. Simson ließ sich zwischen zwei Pfeiler führen, die das Gebäude stützten. Er rief den Herrn um Hilfe an und stemmte sich mit aller Kraft gegen die Pfeiler. Der Tempel stürzte in sich zusammen und begrub alle Anwesenden unter sich. Simsons Familie identifizierte den Leichnam und setzte den Verstorbenen neben seinem Vater Manoah zwischen den Dörfern Zora und Eschtaol bei.

136 *Die Philister haben Simson gefangen genommen und in Ketten gelegt. Annibale Carracci, einer der führenden Künstler im Rom des frühen 17. Jahrhunderts, stammte aus einer bedeutenden Malerfamilie aus Bologna. In diesem Gemälde porträtierte er die stumme Verzweiflung und Erniedrigung des Gefangenen.*

137 *Letztendlich besiegelte eine Frau das Schicksal Simsons. Carlo Cignani (1628–1719), der letzte Monumentalmaler Bolognas, hat den Moment eingefangen, in dem sich die junge Delila anschickt, Simson eine Haarlocke abzuschneiden.*

DIE KÖNIGE SAUL UND DAVID

138 Der Westminster-Psalter *wurde um 1200 für Westminster Abbey zusammengetragen. Er umfasst fünf ganzseitige Illustrationen darunter jene, die den Harfe spielenden David zeigt, der als mittelalterlicher König dargestellt ist. Die Heilige Schrift berichtet, dass David ein begnadeter Harfenspieler war, dessen Musik die Herzen seiner Zuhörer erfreute.*

139 Der mit einer Steinschleuder bewaffnete David *von Gian Lorenzo Bernini befindet sich in der Galleria Borghese in Rom. Der Meister schuf das Werk 1623–1624 für Kardinal Scipione Borghese. Die Intensität im Blick der Statue basiert auf Berninis eigenem, angespanntem Gesicht während der Arbeit.*

140 Die illuminierte Seite aus Guiard des Moulins' Bible historiale *(13. Jahrhundert) zeigt die Bundeslade, Davids Kriege und seine Krönung. Der Band berichtet über einige Großtaten Davids und bildet mit einem zweiten, das Werk, auf das die lateinische Vulgata als Paralipomena verweist. Sie beziehen sich auf jene Taten, die in den biblischen Büchern der Könige unerwähnt bleiben.*

141 Die 283 Abbildungen in der Maciejowski-Bibel *beziehen sich auf das Alte Testament von der Schöpfungsgeschichte bis zum Leben König Davids. Gott ruft Samuel zu sich und verkündet ihm den bevorstehenden Tod des betagten Hohepriesters Eli (oben). Die von den Philistern besiegten Juden tragen die Bundeslade auf das Schlachtfeld, in der Hoffnung, dass sie ihnen den Mut zum Weiterkämpfen verleihen wird (unten).*

Das irdische Paradies

Nach dem Tod Simsons erkannten die Juden den Hohepriester Eli als ihren Führer an. Israels Unglück sollte jedoch noch kein Ende gefunden haben. Die Philister herrschten über Südkanaan und eines Tages rückte ihr Heer bis Mizpe vor. Dort überraschten die Juden ihre Feinde, wurden jedoch geschlagen und verloren 4000 Mann. Ihre Anführer riefen den Herrn nicht an, denn sie waren überzeugt, nicht mehr in der Gunst Gottes zu stehen. Sie versuchten auch nicht, die Ursachen dafür zu ergründen und Gott mit Gebeten und Buße wieder für sich zu gewinnen. Vielmehr beschlossen sie, die Bundeslade in ihr Lager zu bringen, als ob sie ein unfehlbares Amulett sei. Die Bundeslade sollte aus Silo fortgeschafft und in Elis Obhut gegeben werden. Eli war bereits knapp 100 Jahre alt und konnte nicht an der Reise teilnehmen, deshalb schickte er seine beiden Söhne. Im Angesicht der Bundeslade schrien die Juden vor Freude, die Philister aber aus abergläubischer Furcht. Dennoch spornten sie sich selbst an, damit sie nicht zu Sklaven der Juden wurden, und griffen ihre Feinde mit Enthusiasmus an. Die Philister bezwangen die Juden und töteten 30000 Mann. Außerdem brachten sie die Bundeslade in ihren Besitz. Als der ehrwürdige Eli diese Neuigkeiten vernahm, fiel er von seinem Stuhl, schlug sich gegen die Brust und starb.

Die triumphierenden Philister brachten ihre Kriegsbeute nach Aschdod, einer ihrer fünf Städte, und lagerten

sie, wie es Brauch war, im Tempel ihres Hauptgottes Dagon. Der Herr hatte den Feinden zwar einen Triumph über Israel zugestanden, doch er war nicht bereit, weitere Beleidigungen hinzunehmen. Als die Priester anderentags den Tempel betraten, sahen sie die Statue Dagons umgestürzt im Schmutz liegen. Sie richteten sie wieder auf, doch am darauf folgenden Tag, war sie erneut umgestürzt. Kopf und Hände waren abgebrochen.

Schließlich griff der Gott Israels zu härteren Strafen. Ein schmerzhaftes und demütigendes Leiden, bei dem es sich vielleicht um Hämorrhoiden handelte, befiehl die Bewohner von Aschdod. Anschließend vernichteten Ratten die Ernte auf den Feldern. Die Bürger riefen ihre Fürsten zu Hilfe, die befahlen, die Bundeslade nach Gath zurückzubringen. Die Eskorte konnte die Stadt jedoch erst verlassen, nachdem alle Bürger „vom jüngsten bis zum ältesten“ von dem Leiden befallen waren.

142 Die Abbildungen aus der Maciejowski-Bibel zeigen folgende Szenen: eine demütigende Epedemie und eine Rattenplage, die beiden Strafen, die Gott über die Stadt Aschdod verhängt hat (oben); die Bundeslade, die nach ihrer Ankunft in Beth-Schemesch auf einen großen Felsen gestellt wird (unten links); Rinder, die geopfert werden (unten rechts).

143 Ein Freskenzyklus aus dem 12.–13. Jahrhundert in der Kathedrale von Anagni, südlich von Rom, illustriert verschiedene Episoden aus dem Ersten Buch Samuel. *Bevor Gott Aschdod heimsucht, warnt er die Philister, indem er die Statue ihres Hauptgottes Dagon zerstört (links). Der Herr wollte die Fürsten überzeugen, die Bundeslade zurück nach Beth-Schemesch zu bringen. Rechts ist der erste Abschnitt der Reise der Bundeslade durch die Städte der Philister dargestellt, unter denen neue Epidemien ausbrachen, sobald die Bundeslade vorüberzog (rechts). Zum Schutz aller, die in Kontakt mit dem heiligen Objekt kamen, entschied man, die Bundeslade auf einem Karren von zwei Kühen ziehen zu lassen (unten).*

Man beeilte sich, die Bundeslade nach Aschkelon zu bringen. Als man die Eskorte dort vom Wachturm aus erblickte, ging ein angsterfülltes Aufstöhnen durch die Bevölkerung und als sich die ersten Todesfälle ereigneten, flehten die Bürger ihre Fürsten an, den Juden die Bundeslade zurückzugeben. Wie jedoch sollten sie den Zorn Gottes abwenden? Die Philister konsultierten ihre Priester und Seher, die anordneten, dass die Bundeslade mit fünf Goldobjekten auszustatten sei, die das Leiden symbolisieren sollten, das ihre Volk befallen hatte. Außerdem sollten fünf goldene Mäuse hinzukommen. Die Zahl fünf stand für die fünf Fürsten der Philister. Man setzte die Bundeslade auf einen Karren, der von zwei Kühen gezogen wurde, die noch nie zuvor angeschirrt waren und erst vor kurzem gekalbt hatten. Wenn die Kühe mit dem Karren Richtung Israel aufbrachen, ohne vom Blöcken ihrer Kälber im Stall verwirrt zu werden, würde dies bedeuten, dass die Bundeslade für das Unglück verantwortlich war, das über die Philister gekommen war. Die Fahrt begann auf der Straße nach Beth-Schemesch, einer religiösen Stadt der Juden, die etwa 20 km entfernt auf einer Bergspitze thronte. Dort war man über die Ankunft der Bundeslade höchst erfreut. Die Kühe hielten an einem riesigen Stein an, auf dem die Bundeslade abgesetzt wurde. Anschließend wurden sie in einem Feuer geopfert, das man aus dem Holz des Karrens entfacht hatte. 70 Bewohner der Stadt konnten der Versuchung nicht widerstehen, einen Blick in die Bundeslade zu werfen. Der Herr hatte kein Erbarmen mit ihnen und vernichtete sie. Die Juden der Stadt waren nun genauso ängstlich wie zuvor die Philister und flehten ihre Glaubensbrüder im nahe gelegenen Kirjat-Jearim an, die Bundeslade fortzuschaffen. Man brachte sie in das Haus des Leviten Abinadab. Dort wurde sie dessen Sohn Eleazar anvertraut, der 20 Jahre darauf aufpasste.

Nach Eli wurde Samuel Oberhaupt der Israeliten. Mithilfe eines heftigen Sturms, den Gott gegen die Feinde der Israeliten schickte, führte er die Juden gegen die Philister zum Sieg. Die Philister waren so erniedrigt und vernichtend geschlagen, dass sie es nicht wagten, die Grenzen zwischen ihrem Land und Israel zu überschreiten.

Samuel konnte in Frieden regieren. Regelmäßig versammelte er die Repräsentanten des Volkes an seinem Geburtsort Rama. Als Samuel alt wurde, übertrug er einige seiner Pflichten auf seine Söhne Joel und Abia. Sie traten jedoch „nicht in seine Fußstapfen, sondern waren gewinnsüchtig, bestechlich und pervertierten die Rechtsprechung", wie der empörte Josephus Flavius berichtet. Die Menschen beklagten sich untereinander und als sie es nicht mehr ertragen konnten, begaben sie sich nach Rama, um Samuel zu berichten, der nichts von den Geschäften seiner Söhne wusste. Außerdem baten sie ihn um einen König für Israel. Widerwillig stimmte der Prophet zu und erwählte mit Gottes Hilfe einen stattlichen, mutigen und starken jungen Mann namens Saul, Angehöriger des Stammes Benjamin. Samuel salbte Saul in Rama, indem er Öl über sein Haupt goss. Dieses feierliche Ritual wurde traditionell im Nahen Osten praktiziert und ist in ägyptischen Grabmalereien dargestellt. Samuel rief das Volk nach Mizpe und machte es mit seinem neuen König bekannt. Nach einem Sieg über die Ammoniter stand Saul hoch in der Gunst seines Volkes und wurde in Gilgal zum König ausgerufen. Der neue Herrscher machte das Dorf Gabaa zu seiner Residenz. Gabaa bedeutet „Gipfel", denn das Dorf lag auf einer Bergspitze, nur wenige Kilometer von der Stadt Jebus (später Jerusalem) entfernt. Die Ruinen von Gabaa hat man in Tell el-Ful („Hügel der Saubohnen") freigelegt. Sauls Palast war bescheiden, denn sein Volk bestand aus einfachen Hirten und Bauern. Der Thronsaal maß etwa 7,5 x 5 m und die Doppelmauern der gesamten Palastanlage umspannten nicht mehr als etwa 40 x 60 m. Selbst die Töpfe und Tassen, die man in den Ruinen der Küche entdeckt hat, weisen auf ein sehr einfaches Leben hin. Verglichen mit den ägyptischen Pharaonen oder mit den reichen und prächtigen Fürsten der Philister, war der erste König Israels nicht viel mehr als ein ungehobelter Bauer mit Krone. Als Krieger war er jedoch ein großer General. Sein Sohn Jonathan, der Erstgeborene und damit Thronfolger, war ein ebenso erfolgreicher Krieger. In mehreren Schlachten besiegten sie gemeinsam die Ammoniter, Moabiter, Edomiter und Philister. Am Vorabend einer dieser Schlachten beging Saul jedoch seinen ersten großen Fehler. Er wartete ungeduldig auf Samuel, der die Truppen segnen und Gott das Sühneopfer darbringen sollte, doch der Prophet verspätete sich. Die Soldaten bekamen Angst und desertierten. Der König wollte verhindern, dass sich sein Heer vollständig auflöste, und beschloss, das Ritual selbst durchzuführen. Als Samuel eintraf, kritisierte er den König scharf und prophezeite ihm, dass seine Söhne niemals regieren würden und seine Dynastie mit ihm aussterben werde. Dann beging der König seinen zweiten großen Fehler. Er besiegte die Amalekiter, anstatt sie jedoch bis auf den letzten Mann zu töten, wie der Herr es befohlen hatte, rettete Saul das Leben der Gefangenen, unter denen sich auch König Agag befand.

144 oben *Weitere Darstellungen aus der Maciejowski-Bibel, einem ikonographisch wertvollen Bildwerk: Nacas, der Ammoniter, belagert die Stadt Iabes, im Gebiet von Galaad. Saul eilt der Stadt zu Hilfe und vertreibt die Ammoniter (oben); Samuel salbt Saul (unten links) und zelebriert ein Opfer (unten rechts).*

144 unten *Die vielen genauen Informationen in der* Kreuzfahrerbibel *machen das Werk zu einer zuverlässigen Niederschrift biblischer Geschichten. Saul rettet das Leben Agags, des Königs der besiegten Amalekiter, und behält das beste Vieh ein. Die Illustration aus dem* Ersten Buch Samuel *stammt von einem Künstler am Hofe des französischen Königs Ludwig IX.*

145 *Weitere Episoden aus dem* Ersten Buch Samuel *in der* Maciejowski-Bibel*: Gott entsendet Samuel zum Haus Isais in Bethlehem. Am Stadttor erwarten die Brüder Davids den Propheten, doch dieser bittet Isai, seinen Sohn David sehen zu dürfen (oben). David spielt an Sauls Hof die Harfe. Nachdem der Herr Saul verlassen und ihm einen bösen Geist gesandt hatte, liebte es der König, der Musik des jungen Hirten zu lauschen. David gewann die Gunst des Herrschers und wurde sein Waffenträger (unten).*

Im Namen des unversöhnlichen Gottes von Israel begab sich Samuel zu Saul und eröffnete ihm, der Herr habe angeordnet, ihn als König ersetzen zu lassen. Anschließend hieb er Agag in Stücke. Gott bereute, Saul zum König über Israel gemacht zu haben, und befahl Samuel sich nach Bethlehem im Land Juda zu begeben. Er wählte einen jungen Hirtensohn namens David aus, der König von Israel werden sollte. Der Prophet salbte David, wie er Saul gesalbt hatte, und kehrte anschließend nach Rama zurück. Saul in seinem schlichten Palast in Gabaa fühlte sich krank. Es handelte sich mehr um eine seelische denn um eine physische Krankheit, eine psychische Prostration, denn Gott hatte ihm einen „bösen Geist“ gesandt, der ihn quälte. Die Diener schickten nach einem guten Harfenspieler, denn Musik linderte die Leiden des Königs. Niemand spielte die Harfe besser als David, der Hirtenjunge. Man brachte ihn an den Hof, damit er den König tröste. Er errang die Gunst des Herrschers und wurde sein Waffenträger. Gelegentlich kehrte er jedoch nach Bethlehem zurück, um die Herden seines Vaters zu weiden. In der Zwischenzeit führten die Israeliten unablässig Krieg gegen die Philister. Ihre Heere trafen im Terebinthental aufeinander. Heute nennen die Araber das Tal Wadi es-Sant („Akaziental“). 40 Tage standen sich die Streitkräfte gegenüber, ohne dass es zur Schlacht kam. Jeden Morgen und Abend trat ein Soldat der Philister namens Goliath, in eine Rüstung aus Bronze und Eisen gekleidet, aus den Reihen und forderte einen Krieger der Juden zum Kampf auf. Goliath war sechs Ellen und eine Spanne groß. Kein Jude wagte es, gegen ihn anzutreten. Allein die Spitze seines Speeres wog 600 Schekel Eisen und Goliaths Schildträger, der vor ihm herging, brach unter dem Gewicht des Schildes beinahe zusammen. Sauls Entsetzen war groß und er suchte vergeblich nach einem Krieger, der bereit war, gegen den Riesen anzutreten. Weder mit der Hand seiner Tochter noch mit Gold ließen sich die Männer überzeugen. Die Rettung kam von unerwarteter Seite. David trat vor Saul hin und erbot sich, gegen Goliath zu kämpfen. Er berichtete dem König, dass er bereits einen Löwen und einen Bären getötet habe, die seine Herde bedroht hatten. Mit Gottes Hilfe würde er den Philister bezwingen. Man steckte ihn in eine Rüstung, die ihm jedoch zu schwer war. Er entledigte sich ihrer und nahm im Vertrauen auf Gott nur seinen Hirtenstab und seine Schleuder mit sich. An einem Bach wählte er fünf Steine aus. Als David sich Goliath näherte, traute der Riese seinen Augen nicht. Er verfluchte ihn im Namen seiner Götter und rief: „Komm her zu mir, dass ich dein Fleisch den Vögeln des Himmels und den Tieren des Feldes gebe!“ Goliaths Prahlerei war noch nicht verklungen, als ein Stein aus Davids Schleuder den Riesen zwischen den Augen traf und ihn zu Boden gehen ließ. David stürmte nach vorn, zog das gigantische Schwert seines Gegners aus der Scheide und trennte Goliath den Kopf ab. In Panik stoben die Philister davon. Die Juden nahmen die Verfolgung auf und streckten ihre Feinde nieder.

146–147 David mit dem Haupt des Goliath lautet der Titel des berühmten Ölgemäldes eines Künstlers auf dem Höhepunkt seines Schaffens: Michelangelo Merisi, genannt Caravaggio. Die zweideutige Sinnlichkeit, die die besten Werke des Meisters auszeichnet, findet man auch hier im jungen, triumphanten David. Sein Blick ist herausfordernd nach vorn gerichtet und er schwingt sein doppelschneidiges Schwert mit der rechten Hand, während er den Kopf des Giganten gnadenlos am Schopf packt.

147 Tizians David und Goliath datiert aus dem Jahr 1543 und ist wesentlich theatralischer. Das Werk ziert die Decke in der Sakristei der Kirche Santa Maria della Salute in Venedig.

Nach seiner Rückkehr an den Hof wurde David der Vertraute Jonathans, des Prinzen und Thronerben. Er heiratete Michal, Sauls jüngere Tochter. Doch der Geist des Königs muss verwirrt gewesen sein, denn sein Verhalten gegenüber David war widersprüchlich. Er bewunderte und fürchtete ihn zugleich. Er liebte ihn, missgönnte ihm jedoch die Popularität, die er beim Volk genoss. Einmal ließ sich Saul sogar beinahe hinreißen, David zu töten. David beschloss, zu fliehen, um sein Leben zu retten. Mit 400 Anhängern suchte er Schutz in Juda. Seine Familie schickte er nach Moab, um sie vor Sauls Heer in Sicherheit zu bringen. Zweimal begab es sich, dass der König, ohne es zu wissen, der Gnade Davids ausgesetzt war. Der junge Mann zog keinen Vorteil aus den beiden Situationen, denn für ihn war Saul sein König und er hoffte, dass der Herrscher seine geistige Gesundheit wieder finden und aufhören würde, ihn zu jagen. Einst verbrachte Saul eine Nacht in derselben Höhle in der Wüste Judas, am Ostufer des Toten Meeres, in der David sich versteckt hatte. Sein Untertan schnitt ein Stück vom Gewand des Königs ab, um zu zeigen, dass er ihm auch die Kehle hätte durchschneiden können. Bei einer anderen Gelegenheit schlich David sich in das Lager des Königs nahe Hebron und nahm dessen Speer aus dem Zelt, ohne Saul zu verletzen. Saul gab jedoch nicht nach. Er suchte mit noch größerem Hass nach David. Der junge Mann war gezwungen, Israel zu verlassen und Schutz bei den Philistern zu suchen. Da er seinen Mut und seine taktischen Fertigkeiten bereits unter Beweis gestellt hatte, hieß ihn König Achisch willkommen und wies ihm die Stadt Ziklag zu. König Achisch musste gegen Saul in die Schlacht ziehen. Er wollte, dass David an seiner Seite kämpfte, doch seine Soldaten misstrauten dem Fremden und dachten, er würde sich gegen sie wenden, sobald der Kampf begonnen hätte. Die Krieger überzeugten Achisch, David zurück nach Ziklag zu schicken. Weder David noch seine Anhänger nahmen an der Schlacht beim Gilboa-Gebirge teil, bei der die Philister unzählige Israeliten töteten. Die Niederlage war überwältigend und Saul, der drei seiner Söhne sterben sah, bat seinen Waffenträger, ihn hinzustrecken. Der Mann weigerte sich jedoch und so stürzte Saul sich in sein Schwert, um nicht in die Hände der Philister zu fallen. Er wusste, dass er besiegt sterben würde, denn drei Tage zuvor hatte er die Hexe von Endor aufgesucht, eine Totenbeschwörerin, die den Geist Samuels angerufen hatte. Samuel berichtete dem König, dass der Herr ihn aufgegeben habe und dass er die Schlacht und sein Leben verlieren werde. Die Philister enthaupteten Saul und stellten seinen Leichnam und die Körper seiner Söhne an den Mauern von Beth Schean zur Schau. In der Nacht nahmen die Bewohner von Jabesch-Gilead die Körper ab und beerdigten sie, denn Saul hatte diesen Menschen viele Jahre zuvor geholfen. David erfuhr die Neuigkeiten in Ziklag.

148 Salvator Rosa, ein neapolitanischer Künstler des 17. Jahrhunderts, schuf mehrere Gemälde, die von Magie und Zauberkraft erfüllt sind, darunter auch religiöse Darstellungen. Die Hexe von Endor beschwört im Namen Sauls den Geist des verstorbenen Samuel (dargestellt als alter Mann, der in einen Umhang gehüllt ist). Der König wollte wissen, welchen Ausgang die Schlacht gegen die Philister nahe dem Gilboa-Gebirge nehmen würde, und sollte erfahren, dass er und seine Söhne den Tod finden würden.

148–149 Pieter Bruegel d. Ä. gehörte zu den bedeutendsten Malern des 16. Jahrhunderts. Ihm ist das Gemälde Der Selbstmord Sauls *zu verdanken, das er 1562 schuf. Tiefe und Raum des Hintergrunds, die Komplexität der Aktion und die Dramatik der Ereignisse sind in diesem Ölgemälde förmlich greifbar, ein typisches Merkmal der besten Werke des Meisters. Der unglückliche König stürzt sich in sein Schwert (links) und die Philister überwältigen die Israeliten.*

150 Die Darstellungen aus der Maciejowski-Bibel *zeigen David, der vor der Bundeslade tanzt. Seine Gattin Michal beobachtet das ungebührliche Verhalten ihres Gatten voll Verachtung von einem Palastfenster aus (oben). Der König zelebriert ein Opfer, erfreut sein Volk und verteilt Lebensmittel, nachdem die Bundeslade in einem neuen Heiligtum aufgestellt wurde (unten). Ursprünglich bestand das Werk nur aus Illustrationen. Die lateinischen Texte wurden erst im 14. Jahrhundert hinzugefügt.*

151 oben Das Mosaik aus der Markuskirche in Venedig zeigt David, der eine Kartusche mit Psalm 131, Vers 11 in der rechten Hand hält. Der Text lautet, gemäß dem römischen Antiphonale (Psalterium Romanum)*: „De fructu ventris tui ponam super sedem meam." („Die Frucht deines Leibes werde ich auf meinen Thron setzen.") Seltsamerweise endet die neue Version des Psalters (Neo-Vulgata aus dem Jahr 1979) mit den Worten „deinen Thron".*

Israel hatte keinen König mehr. Der erste König Israels hatte für seine Sünden bezahlt, wie Samuel es prophezeit hatte. David trauerte um Saul und um Jonathan, den er wie einen Bruder geliebt hatte. Er wusste nicht, was zu tun war, und bat den Herrn um Hilfe. Gott trug ihm auf, nach Hebron zu gehen. Dort wurde David im Alter von 30 Jahren in der Höhle Machpela, dem Heiligtum des Volkes, zum König des Stammes Juda gewählt. Die Stämme des Nordens erkannten ihn jedoch nicht als Herrscher an. Sie wandten sich an Isch-Boschet, den letzten Sohn Sauls, und baten ihn, ihr König zu werden. Isch-Boschet ließ sich in der Stadt Mahanajim nieder, östlich des Jordan, und bereitete sich auf die Schlacht gegen David vor. Aus dem anschließenden Bürgerkrieg ging Isch-Boschet immer wieder als Verlierer hervor, bis ihn nach sieben Jahren zwei seiner Männer töteten, die hofften, David würde sie für diese Tat belohnen, doch der ließ sie töten.

David führte sein Volk nach Jebus, das eine Schlüsselrolle spielte, denn die Stadt kontrollierte die Hauptverkehrsstraße in den Osten. Die Kanaaniter hielten Jebus besetzt und waren überzeugt, die Stadt sei uneinnehmbar, da sie hoch oben auf einem Felsen lag. Doch es gelang den Juden, in die Stadt einzudringen und ihre Verteidiger zu töten. David machte Jebus zu seiner Hauptstadt, da sie im Zentrum des Landes lag, an der Grenze zwischen Israel und Juda. Außerdem gab er der Stadt einen neuen Namen: Jerusalem.

Er ließ einen Palast aus Zedernholz errichten, das ihm sein Freund und Verbündeter aus der Küstenstadt Tyros schickte: Hiram I., König der Phönizier. David erging es gut, denn der Herr der Heerscharen war mit ihm und betrachtete seine Residenz als die Heilige Stadt des auserwählten Volkes. David beschloss, die Bundeslade nach Jerusalem zu bringen, die bis zu diesem Tag in Kirjat-Jearim aufbewahrt wurde. 30 000 Delegierte aus dem ganzen Königreich stimmten diesem Vorschlag zu und eine majestätische Prozession setzte sich von dem kleinen Dorf aus in Bewegung. Das Volk folgte der Bundeslade, die man auf einen Karren gestellt hatte, der von zwei Ochsen gezogen wurde, die Ussa und Achjo, die beiden Söhnen des Leviten Abinadab beaufsichtigten. Zu den Klängen von Harfen, Lauten, Tamburinen, Sistren und Zimbals schritt David, gefolgt von der Menge, hinter dem Karren her. Als sie jedoch Nachon erreichten, brachen die Ochsen aus und die Bundeslade geriet gefährlich ins Wanken. Ussa griff danach, um sie zu stabilisieren, doch sobald er sie berührte, vernichtete ihn der Herr. Gemäß dem Willen Gottes war es nur den Priestern erlaubt, das heilige Objekt zu berühren. Eingedenk des Zorns des Herrn befahl David, die Bundeslade auf der Stelle abzusetzen. Drei Monate später begann die Reise erneut, dieses Mal nur in Begleitung der Priester und des Königs. David war wie die Priesterschaft in ein einfaches Leinengewand gekleidet als Zeichen seiner Pietät, Demut und Freude und er „tanzte mit aller Macht vor dem Herrn“. Endlich erreichte die Bundeslade Jerusalem. Dort wurde sie in einem neuen Heiligtum an den Hängen Zions aufgestellt.

***151 unten** David spielt die Harfe. Illustration aus dem Brevier Martins I., König von Aragón (1395–1410). Der König gab die Arbeit, die auf französischen Brevieren basiert, um 1398 beim Zisterzienserkloster Poblet, Spanien, in Auftrag.*

Davids Gemahlin Michal, die Tochter Sauls, beobachtete die Ankunft der Prozession durch ein Palastfenster. Als sie sah, wie ihr Gemahl tanzte, „verachtete sie ihn in ihrem Herzen". Der Herr hingegen begrüßte diese Huldigung und er strafte Michal mit Unfruchtbarkeit, eine große Schmach für eine israelitische Frau.

Andere Frauen und Konkubinen gebaren David Kinder. Er liebte die Frauen und hatte einen Harem. Zu seiner Schande zog ihn jedoch Batseba an, die Frau eines seiner Offiziere, genannt Uria der Hethiter. Es genügte David nicht, Batseba zu verführen und ein Kind mit ihr zu zeugen. Er wollte sie ganz für sich haben. Auf Befehl des Königs wurde Uria während einer Schlacht an der gefährlichsten Stelle postiert, was ihm das Leben kostete. Als dies geschehen war, gab es für Gott keine Gnade. Durch Nathan, den Propheten, überbrachte er David die Strafandrohung. Dennoch ehelichte der König Batseba. Gottes Zorn war erst befriedigt, nachdem er ihm das Baby genommen hatte und David tiefe Reue zeigte. Im hohen Alter musste der König schwere Zeiten überstehen. Sein ältester Sohn Amnon machte sich der Sünde schuldig, als er seine Halbschwester Tamar vergewaltigte, doch der nachsichtige König bestrafte ihn nicht dafür. Zwei Jahre nach der Vergewaltigung sah Abschalom, der Bruder Tamars, die Stunde der Rache gekommen und ließ Amnon ermorden. Abschalom musste drei Jahre im Exil bei seinem Großvater verbringen, dem König von Geschur, einem kleinen syrischen Königreich, das sich in der Leibeigenschaft Israels

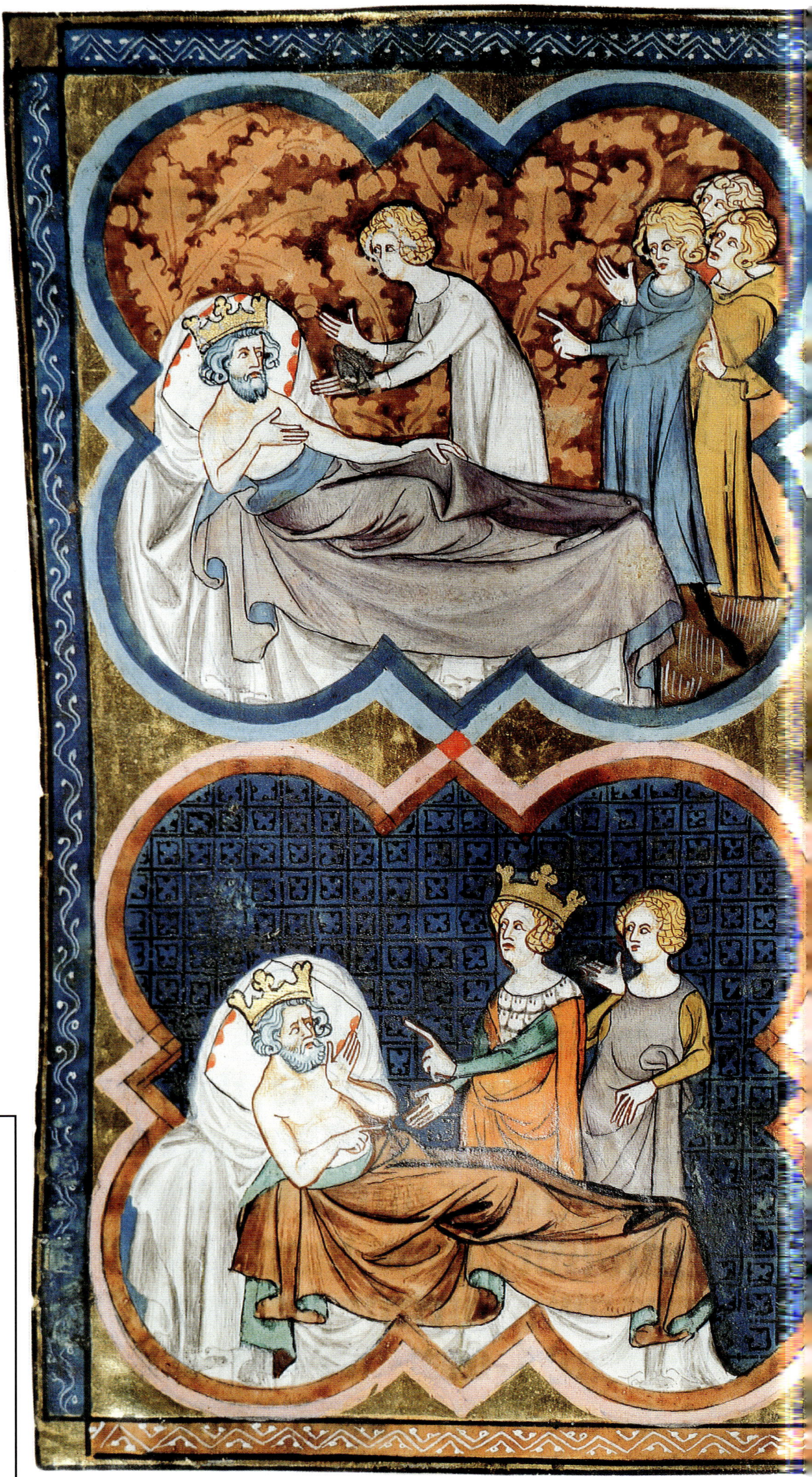

152 David verliebt sich in Batseba, als er die leicht bekleidete Schöne baden sieht. Die Darstellung eines anonymen Künstlers datiert um 1500/25 und stammt aus dem Stundenbuch der Familie Vasselin.

152–153 Szenen aus der Bible historiale: *David in hohem Alter, schwach und in seinen Palast zurückgezogen; die Wahl seines Nachfolgers, seines Sohnes Salomo.*

befand. Nach dieser Zeit hatte der Vater dem Sohn vergeben und Abschalom kehrte an den Hof zurück. Doch der Sohn konnte es nicht erwarten, an des Vaters statt zu regieren, denn er hielt den König für einen alten, unfähigen Mann. Abschalom zettelte mit seinen Anhängern eine Revolte an, die den König zwang, Jerusalem zu verlassen und Schutz am Ostufer des Jordan zu suchen. Der 60-jährige König stellte ein Heer auf, das sich auf die Suche nach dem verräterischen Sohn begab. In der entscheidenden Schlacht hielten die Offiziere David zurück und Abschalom entkam auf dem Rücken eines Pferdes in den Wald von Galaad. Als er unter einer Eiche hindurchritt, verfing sich sein Kopf in den tief herabhängenden Ästen. Das Pferd lief weiter und ließ den Unglückseligen zurück. Joab, der Heerbann-Feldmarschall Davids, dem der König blind vertraute, tötete Abschalom mit drei Pfeilen.

Auf den Tod Abschaloms folgten neue Revolten und

eine furchtbare Plage. David betete inbrünstig und im letzten Moment zog sich der Engel des Todes zurück, ohne sein todbringendes Schwert über Jerusalem geschwungen zu haben.

David verbrachte seine letzten Jahre in Traurigkeit und Gebrechlichkeit. Er war praktisch Invalide und verließ den Palast nur noch selten. Mit dem Näherrücken seiner Nachfolge, kam es zu Intrigen unter seinen vielen Söhnen. Kurz vor seinem Tod im Alter von 70 Jahren (nach einer Regierungszeit von sieben Jahren über Juda und von 33 Jahren über alle Juden und die eroberten Länder) bestimmte er Salomo zu seinem Nachfolger, das zweite Kind, das er mit seiner Lieblingsfrau Batseba gezeugt hatte. Nathan, der Prophet, unterstützte diese Wahl. Salomo sollte der größte König Israels werden und nicht nur in die Geschichte seines Landes eingehen, sondern zur Legende werden.

153 *Eine weitere Illustration aus der* Bible historiale *zeigt den Propheten Nathan, der den König für seine Heirat mit Batseba tadelt, da der Herrscher bereits mit der unfruchtbaren Michal vermählt war. Gott tötete in seinem Zorn den Erstgeborenen des Paares, doch damit war er noch nicht versöhnt. Weitere Kinder Batsebas erlitten ein schweres Schicksal. Doch letztendlich sollte Salomo mit sprichwörtlicher Weisheit über Israel herrschen.*

DER GLANZ SALOMOS

154 *Um 1465 fertigte der Maler Jean Fouquet zwölf Illustrationen für das Manuskript* Les antiquités judaiques. *Die französische Version basierte auf dem Original von Josephus Flavius. Die kraftvolle Darstellung zeigt Salomos prächtigen Tempel in Jerusalem als gotische Kathedrale in Würfelform – möglicherweise ein Hinweis auf die Stabilität der Herrschaft Salomos.*

155 *Das Urteil Salomos im englischen* Windmill Psalter *(um 1270–1290). In diesem Werk findet man die erste bekannte Darstellung einer Windmühle, daher der Name. Man erkennt die Windmühle im oberen Bereich der Initiale.*

Salomo, der noch zu Lebzeiten seines Vaters David als Mitregent eingesetzt wurde, war um 965–926 v. Chr. König über das Reich Israel und Juda. Er erstickte jede Opposition im Keim. Er ließ seinen Halbbruder Adonija ausschalten, den ältesten Sohn Davids, der noch am Leben war und sich für den rechtmäßigen Thronerben hielt. Es ist nicht bekannt, ob er tatsächlich ein Komplott gegen Salomo plante oder ob der neue König ihn zu Unrecht verdächtigte. Adonija wurde – schuldig oder nicht – zum Tode verurteilt und hingerichtet. Salomo wandte die Taktik der Präventivrepression auch gegen den Priester Abiatar und gegen den Heerbann-Feldmarschall Joab an, der für den Tod Abschaloms verantwortlich war. Beide hatten die Rebellion Adonijas gegen König David unterstützt, nachdem dieser entschieden hatte, Salomo zu seinem Mitregenten zu ernennen. Abiatar genoss als Priester eine gewisse Immunität und wurde nur exiliert. Joab jedoch floh und verbarg sich in der Stiftshütte. Er starb durch das Schwert, nachdem man ihn gefunden und aus seinem Refugium gezerrt hatte. Nun konnte Salomo in Frieden herrschen. Als Erstes kümmerte er sich um einen Erben. Er ging eine diplomatische Ehe ein, wie Israel es noch nie erlebt hatte. Seine Braut war die Tochter des ägyptischen Pharaos und die Verbindung war wie eine späte Rache für die Menschen, die im Niltal als Sklaven gelebt hatten. Der Pharao, der mächtigste König der Region, begrüßte die Allianz und schenkte Salomo zur Hochzeit die befestigte Stadt Gezer, die er von den Kanaanitern erobert hatte. Jerusalem wurde mit neuen Mauern verstärkt und König Salomo reiste nach Gibeon zur Kultstätte mit dem Traumorakel, wo er 1000 Brandopfer darbrachte. Den Herrn erfreute diese Geste und in der darauf folgenden Nacht erschien er dem König im Traum und fragte ihn nach einem Geschenk, das er ihm für seine Frömmigkeit machen könne. Salomo bat nicht um Ehren und Reichtümer, sondern um ein wertvolleres Geschenk: Weisheit.

156–157 *Die statische byzantinische Darstellung Salomos stammt aus der Bibel von Souvigny. Das illuminierte Manuskript aus dem späten 12. Jahrhundert gehörte bis 1793 dem Priorat von Souvigny und ging anschließend in den Besitz des Staates über.*

157 *Salomo kniet im Gebet vor dem Schrein mit dem Opferaltar. Gott erscheint dem König und verkündet ihm, dass er ihn und sein Haus unterstützen werde. Im* Ersten Buch der Könige, *das die Geschichte Salomos erzählt, symbolisiert eine Wolke die Anwesenheit Gottes und seine göttliche Glorie.*

Gott willigte ein und noch heute ist die Weisheit Salomos sprichwörtlich.
Der König konnte seine Weisheit bereits wenige Tage später unter Beweis stellen, als er ein Urteil fällte, dass in die Geschichte der Menschheit eingehen sollte. Zwei Huren hatten am selben Tag zur selben Zeit ein Kind geboren hatten. Eines Nachts erdrückte eine der Frauen das Kind der anderen versehentlich im Schlaf. Beide erhoben nun Anspruch darauf, die Mutter des überlebenden Kindes zu sein, und schworen, die jeweils andere sei die Mutter des toten Kindes. Es gab weder Zeugen noch Beweise, nur die Aussagen der beiden Frauen. Keine der anwesenden Standespersonen vermochte zu entscheiden, wer Recht hatte, doch Salomo ließ einen Wachposten rufen und befahl ihm, das Kind in zwei Hälften zu spalten, damit jede Frau eine Hälfte mitnehmen könne. Eine der Frauen warf sich vor dem König auf die Knie und beschwor ihn, dieses unmenschliche Urteil nicht ausführen zu lassen. Lieber wollte sie ihr Baby der anderen überlassen, die bereit war, den Urteilsspruch anzunehmen. Der König kam zu dem Schluss, dass dieser Verzicht die wahre Mutterliebe offenbare, und sprach der Frau das Baby zu, die das Urteil nicht akzeptierte. Die falsche Mutter wurde für ihr Vergehen bestraft.
Salomo, der weise Herrscher, erdachte 3 000 Sprüche und 1 005 Gesänge. Die meisten gingen jedoch verloren, wie die Bücher über Botanik und Zoologie. Diese Bücher „dozierten über Bäume von der Zeder des Libanon bis zum Majoran, der aus der Mauer wächst, über wilde Tiere und Vögel, über Reptilien und Fischen". Josephus Flavius fügt hinzu, dass Gott Salomo auch in der Kunst der Magie unterwiesen habe, „die er gegen Dämonen einsetzte zum Nutzen und zur Entlastung des Menschen. Zu diesem Zwecke schrieb er Zaubersprüche, die Krankheiten heilen, und überlieferte viele Exorzismen". Salomos Schüler praktizierten zur Zeit Josephus Flavius' noch immer und der Geschichtsschreiber verkündet, während der Belagerung Jerusalems einen gewissen Eleasar gesehen zu haben, der Menschen von Dämonen befreite, vor den Augen von Kaiser Vespasian, dessen Söhnen und des gesamten römischen Heeres. Eleasar nehme einen Ring, eingefasst mit einer Wurzel, wie Salomo es vorschlug, und halte ihn vor die Nase des besessenen Menschen. Wenn sich der Geruch verändere, sei der Dämon gezwungen, den Menschen durch dessen Nasenlöcher zu verlassen, und der Mensch selbst sinke zu Boden. Eleasar verjage den bösen Geist mit den Zaubersprüchen Salomos und um die letzten Zweifel der Skeptiker zu beseitigen, zwinge der ihn, über ein Wassergefäß zu gehen, das in einiger Entfernung stehe.
Wer die Märchen aus Tausendundeiner Nacht kennt, dem sind die außergewöhnlichen Gaben Salomos vertraut, den die Araber Suleiman ben Daud nennen. Er verstand und sprach die Sprache aller Tiere: jener, die gehen, jener, die kriechen, jener, die fliegen und jener, die schwimmen. Er kannte alles im Himmel und auf Erden, das Offensichtliche und das Verborgene; die Engel gehorchten ihm, wie sie den Geistern gehorchten, und mit den magischen Steinen seiner Ringe, rief er sie herbei. Die Winde trugen ihn und seine Truppen auf riesigen fliegenden Teppichen durch die Lüfte; Dämonen errichteten ihm die fantastischsten Gebäude. Wer sich gegen ihn stellten, den ließ er in Flaschen einsperren und auf dem Grunde des Meeres versenken oder in einem Gefängnis, aus dem ihn nur ein paar Fischer oder Aladin befreien konnten.
Josephus Flavius berichtet, dass Salomo „Silber in Jerusalem zu etwas so Gewöhnlichem wie Steine machte". Er war ein wohlhabender Herrscher, denn er verstand es, sein Königreich mit Erfolg umzugestalten, indem er es in zwölf Verwaltungsbezirke aufteilte, deren Grenzen bewusst nicht den zwölf Stämmen entsprachen. Außerdem führte er ein effizientes Steuersystem ein, das von allen Karawanen, die durch Palästina zogen, Zölle verlangte. Er erhob eine Kopfsteuer für alle Untertanen, forderte einen Tribut von jedem Bezirk und der Staat hatte das Monopol auf den Verkauf von Garn, Karren und Pferden.

138 Giambattista Tiepolo begann 1729, das Gewölbe des Roten Saals im Palast des Erzbischofs von Udine in Fresko zu bemalen. Der Maler dekorierte die Decke mit dem salomonischen Urteil, einem der symbolträchtigsten Beispiele für die sprichwörtliche Weisheit des Königs.

139 Raffael schmückte die Stanzen im Vatikan mit bedeutenden Fresken, die er für Julius II. und Leo X. fertigte. Darunter befindet sich auch die Darstellung des salomonischen Urteils, in der eine Wache das Kind in der einen und das Schwert in der anderen Hand hält.

160 Die hypothetische Rekonstruktion des Tempels Salomos stammt aus der Bibel Nikolaus von Lyra (14. Jahrhundert). Das Monument erinnert eher an ein Schloss mit Türmchen als an einen Tempel und entspricht dem zeitgenössischen Stil, in dem Orte und Menschen im Mittelalter dargestellt wurden.

Salomo wollte all seine Reichtümer darauf verwenden, den Traum seines Vaters David zu verwirklichen. Bis zu diesem Zeitpunkt hatte Gott noch nie ein angemessenes Bauwerk besessen, sondern musste sich mit einem beweglichen Heiligtum in Form der Bundeslade begnügen. Jetzt sollte der Herr einen Tempel erhalten. In seinen letzten Jahren hatte David große Summen angehäuft und Materiallager geschaffen. Außerdem hinterließ er seinem Sohn den Gebäudeplan, den Gott inspiriert hatte. Salomo bereitete den Bau des Tempels vor, indem er alle fehlenden Werkstoffe zusammentragen ließ und die benötigten Handwerker versammelte. König Hiram I., ein enger Freund Davids, unterstützte Salomo bei den Vorbereitungen. Das Königreich Hirams I. erstreckte sich unter anderem über den Libanon mit seinen riesigen Zedern, deren hochwertiges, für beinahe unzerstörbar gehaltenes Holz, nach Ägypten, Ninive und Bobotana exportiert wurde, wo man es für bedeutende Bauwerke verwendete. Man unterzeichnete eine formelle Übereinkunft. Es wurde vereinbart, Weizen-, Öl-, Wein- und Gerstelieferungen mit dem Schlagen der Bäume, ihrem Transport zum Meer und ihrer Überführung in Form von Flößen in den Hafen von Jaffa zu bezahlen. Dort wurden die Stämme wieder getrennt und von Ochsen nach Jerusalem gezogen, das etwa 40 km vom Mittelmeer entfernt lag. Ein erfahrener Handwerker namens Hiram (wie der König von Tyros), dessen Vater Phönizier und dessen Mutter Jüdin war, begleitet den Holztransport. In einem Brief an Salomo schreibt der phönizische König, Hiram beweise auf allen Gebieten Geschick, er könne umgehen mit „Gold, Silber, Bronze, Eisen, Stein und Holz, blau und purpur gefärbter Kleidung … und fertigt

161 oben *Der Franziskaner Nikolaus von Lyra (um 1270–1349) war ein berühmter Gelehrter der jüdischen Kultur, Sprache und Geschichte sowie Professor der Theologie an der Universität Paris und schuf einen hypothetischen Plan des Tempels, von dem hier ein Teil eines Gebäudes zu erkennen ist. Der Künstler versuchte, sich möglichst eng an die christliche Überlieferung zu halten, und stützte sich sowohl auf das zeitgenössische französische Bauwesen als auch auf jüdische Quellen, zum Beispiel auf die Rekonstruktion des jüdischen Philosophen Maimonides.*

161 unten und rechts
Bauhandwerker, Zimmerleute und Dachdecker errichten unter König Salomos wachsamem Blick den Tempel (links), Darstellung aus La Bible Historiaulx *oder* Les Hystoires Escolastres, *frühes 15. Jahrhundert. Die Abbildung rechts datiert aus derselben Zeit und stammt aus der Bibel, die dem dynamischen und äußerst aktiven Papst Johannes XXII. gehörte, der von 1316 bis 1334 in Avignon residierte.*

alle Arten der Skulptur sowie künstlerische Objekte“. Dieser außerordentlich begabte Mann sollte wie Salomo zur Legende und zu einer Art biblischem Patron für die Freimaurer werden. Eine islamische Überlieferung besagt, Hiram sei von drei seiner Gehilfen aus beruflicher Eifersucht unmittelbar nach der Fertigstellung des Tempels in demselben ermordet worden.

In der Bibel wird der Tempel, den der Baumeister Hiram errichten ließ, als gewaltiges Unternehmen beschrieben. Tatsächlich war das Bauwerk, verglichen mit anderen Monumenten des Altertums, eher von bescheidenem Ausmaß. Der Tempel erhob sich im Zentrum einer riesigen vierseitigen Einfriedung. Er war ca. 38 m lang, 17 m breit und 16 m hoch. Dies entspricht in etwa der Hälfte der Größe des Parthenons in Athen. Das Heiligtum wurde verschwenderisch dekoriert. Aus allen Teilen des Königreiches reisten die Juden an, um das Bauwerk zu bewundern. Sie kannten die gigantischen Gebäude in Theben (Ägypten), Ninive oder Babylon nicht und konnten somit keine Vergleiche ziehen. Überwältigt durchschritten sie die etwa 54 m hohe, mit Gold überzogene Portikus des Tempels. Die Handwaschbecken, die verzweigten Kerzenleuchter, die Weihrauchbehälter und die geflügelten Cherubim, die die Bundeslade bewachten, waren mit Gold verkleidet und zum Teil mit Edelsteinen verziert. Die Mauern bestanden aus quadratischen Steinblöcken. Decken, Türpfosten und Türen waren aus geschnitztem Zedern- und Olivenholz gefertigt und auf dem Fußboden war Zypressenholz verlegt. Der Opferaltar vor der Portikus war 5 m hoch und 10 m lang. Daneben befand sich ein riesiges Becken, genannt „Bronzesee“, in dem die Priester die Ablutionen vollzogen. Das Becken ruhte auf zwölf bronzenen Ochsen und speicherte etwa 900 l Wasser.

Die Erbauung des Tempels dauerte sieben Jahre. 120 000 Menschen, die in monatelangen Schichten arbeiteten, waren am Bau beteiligt. Als das Bauwerk vollendet war, widmeten sich das Volk und die Handwerker 13 Jahre lang dem Bau eines noch größeren Komplexes, der Salomos Palast, die Verwaltungsbehörden des Staates und den Harem des Königs aufnehmen sollte. Die Bibel besagt, dass Salomos Harem 700 Gemahlinnen und 300 Konkubinen umfasste, denen mindestens ebenso viele, wenn nicht sogar doppelt so viele Sklaven zu Diensten standen. Aufgrund der Größe des Harems ist es nur allzu verständlich, dass allein das „Haus des Libanon-Waldes“ mit seinen Säulen aus Zedernholz viermal so groß war wie der Tempel.

ATRIUM
SANCTUM
ATRIUM
PROPHANUM
SALOMONIS ANTIQUE SUPERFICIES
OCCIDENT
MERIDIES
PROPHANUM
TEMPLI SALOMONIS ANTIQUI.

162 Das Design der flämischen Repräsentation des Tempels von Jerusalem ist das Ergebnis des Studiums der Polyglottenbibel, herausgegeben von Benedictus Arias Montanus, einem spanischen Orientalisten, und veröffentlicht zwischen 1568 und 1572.

163 Ein ähnliches Design zeigt die Gravüre aus dem Jahr 1727. Sie ist das Werk eines berühmten Exegeten, des Franzosen Auguste Calmet.

164 Orthodoxe Juden haben sich am Sabbat bei Sonnenaufgang zum Gebet an der Hakotel Hama'aravi

166–167 Piero della Francesca bemalte die Hauptkapelle der Kirche S. Francesco in Arezzo, Italien, zwischen 1452 und 1466 mit dem Freskenzyklus der Legende des heiligen Kreuzes. Inspiriert wurde der Künstler von einem Text aus dem 15. Jahrhundert, genannt Die Legende des heiligen Kreuzes. *Salomos Begegnung mit der Königin von Saba in Jerusalem ist Teil des Freskenzyklus.*

167 In dieser eleganten Initiale aus einem illuminierten mittelalterlichen Manuskript ist Salomo mit der Königin von Saba dargestellt. Bei dem Buchstaben handelt es sich um das O, das den zweiten Vers des Hoheliedes Salomos *mit den lateinischen Worten „Osculatur me" einleitet: „Er küsse mich mit dem Kusse seines Mundes; ..."* (Hohelied Salomos 1, 2).

In diesem und in anderen Sälen, die Statuen, Flachreliefs und Fresken schmückten, gab der König Audienzen. Hier sprach er Recht und hier empfing er Gesandte und Fürsten anderer Länder, die gekommen waren, um Zeugen der Weisheit und des Glanzes Salomos zu werden. Eine Besucherin war die wunderschöne und prächtig gekleidete Königin von Saba. Heute identifizieren einige das Reich Saba mit dem Jemen, andere mit Äthiopien. Tatsächlich mag es vielleicht beide Länder umfasst haben, die sich an der Südspitze des Roten Meeres gegenüberliegen. Die mittelalterlichen Könige christlicher Abessinier verkündeten, die Nachkommen der Königin von Saba zu sein. Josephus Flavius berichtet, sie sei mit großem Prunk eingetroffen, gefolgt von mit Gold, Edelsteinen und Gewürzen beladenen Kamelen. Sie stellte Salomo viele schwere Fragen. Er jedoch beantwortete jede Frage ohne Probleme und die Königin von Saba erkannte, dass seine Weisheit weitaus größer war, als man ihr berichtet hatte. Als ihre Neugier befriedigt war, kehrte sie in ihr Reich zurück.

Salomo bat die Phönizier nicht nur um Zedernholz und Handwerker, sondern er wollte Israel auch zu einer Seemacht machen. Er hatte einen Außenposten am Roten Meer mit den beiden kleinen Hafenstädten Eziongeber und Elath. Sein Freund Hiram richtete dort eine Bronzewerkstatt ein, in der das Metall aus den nahe gelegenen Minen von Edom bearbeitet wurde. Außerdem legt er eine Schiffswerft an, in der eine Flotte gefertigt wurde, die das zu Barren, Waffen, Werkzeugen, Nägeln und Angelhaken verarbeitete Metall exportierte. Erfahrene phönizische Seeleute lenkten die Schiffe durch das Rote Meer, in die Straße von Bab el Mandeb und schließlich entlang der Küste Ostafrikas, Indiens und des reichen und mysteriösen Landes Ophir. Dort nahm die Expedition 400 Goldtalente, Sandelholz, Edelsteine, Silber und Gewürze an Bord.

König Salomo lebte im Überfluss. Auf dem Höhepunkt seines Ruhmes saß er auf einem Elfenbeinthron, umgeben von Leibwächtern, die goldene Schilde trugen. Doch all diese Verschwendung ließ ihn die Gebote des Herrn vergessen. Er liebte den Luxus, vor allem aber die Frauen zu sehr. Er heiratete viele Prinzessinnen fremder Nationen und anderen Glaubens und entsprach ihrem Wunsch nach der Verehrung von Götzen. Er erlaubte ihnen sogar, die entsprechenden Zeremonien in der Stadt Davids zu Ehren der falschen Götter zu zelebrieren. Der Gott Israels war erzürnt und bestrafte die Nachkommen Salomos.

ERAT AB AQVILONE 7 NVBES MAG
6NA 7 INGNIS INVOLVENS CVQVE
ASPICERENT ANIMALIA APARV
IT ROTA VNA SVPER TERRA
IVSTA ANIMALIA HABENS Q
VATVOR FACIES 7 ASPECT' EORV
OPERA QVASI SISIT ROTA IN
EDIO ROTE ECECHIEL I C
PAVLO POST ADIVNGIT Q SI SISIT ROTA
I MEDIO ROTE NISI Q I TESTAMETV VETE
RIS LICTE NOVM TESTAMETV LATVIT TE
ALLEGORIA VDE 7 ROTA FADE Q IVSTA A
NIMALIA APPARVIT QVATVOR FACIES
HABERE DISCRIBITVR QVIA SCRIPT
VRA SACRA
CREAVIT DEVS CELVM ET TERRAM TERRA AVT ERAT INANIS 7 TENEBRE ERANT SVPER FACIEM ABISSI 7 SPIRITVS DNI FEREBATVR SVPE AQVAS DIXITQ DEVS FIAT LVX ET FACTA EST LVX ET VIDIT DEVS LVCEM Q ESSET BONA 7 DIVISIT LVCEM A TENEBRAS APPELLAVITQ LVCE
IN PRINCIPIO ERAT VERBVM 7 VERBVM ERAT APVD DEVM 7 DEVS ERAT VERBVM HOC ERAT IN PRINCIPIO APVD DEVM OMNIA PER IPSVM FACTA SVNT 7 SINE IPSVM FACTV E NICHIL
MOYSES
SALOMON REX
DAVID REX
ECECHIEL
IEREMIAS
ISAAC
DANIEL
MICHEAS
IONAS
IOEL
MALACHIAS
ESDRAS
IOHANNES
PETRVS
PAVLVS
MARCVS
MACTEVS
IVDAS
IACOBVS
LVCAS
GREGORIVS
ECECHIEL
FLVMEN COBAR
GREGORIVS

DAS GETEILTE KÖNIGREICH

168 *Fra Angelico malte um 1452 die Paneele der Silbertruhe in der Kirche Santissima Annunziata, Florenz. Die Themen sind symbolträchtig. Das mystische Rad ist eine Interpretation des Himmels gemäß dem* Ezechiel-Buch. *Das äußere Rad zeigt die Propheten, das innere die Evangelisten und Apostel.*

169 *Die Darstellungen einer Handschrift aus dem 13. Jahrhundert, die aus Mainz stammt, zeigen die Belagerung Jerusalems (oben), die Juden auf dem Weg ins Exil nach Babylon (Mitte) und drei Vorfahren Jesu (unten), die in* Matthäus 1, 12–14 *mit ihren Frauen genannt werden: Schealtiel, Sohn des Jechonia und Vater von Serubbabel; Abiud, Sohn des Serubbabel und Vater von Eliakim; Asor, Sohn des Eliakim und Vater von Zadok.*

Die neuen Idole

Nach einer Regierungszeit von knapp 40 Jahren starb Salomo im Alter von etwa 60 Jahren. Er hinterließ zwar viele Söhne, doch keinen Nachfolger, der seiner würdig gewesen wäre. Thronerbe war der 40-jährige Rehabeam, Sohn einer Ammoniterprinzessin, der jedoch als anmaßender Narr beschrieben wird. Er versammelte die Repräsentanten der Stämme in Schechem, um sich als König ausrufen zu lassen, weigerte sich jedoch, auf ihre Forderungen bezüglich der übermäßigen Steuern einzugehen, die Salomo ihnen auferlegt hatte. Es kam zu einem Aufstand und die Menge steinigte Adoram, den Rentmeister, zu Tode. Rehabeam floh nach Jerusalem und die nördlichen Stämme machten Jerobeam zu ihrem König. Jerobeam war aus Ägypten zurückgekehrt, wo er Zuflucht vor dem Todesurteil gesucht hatte, das Salomo einige Jahre zuvor über ihn verhängt hatte. Zu jener Zeit hatte der Prophet Ahija Salomo prophezeit, dass Jerobeam über zehn Stämme Israels regieren würde. Deshalb hatte der König seinen Tod angeordnet, doch der junge Mann konnte sich in Ägypten in Sicherheit bringen. Rehabeam regierte in Jerusalem über den Stamm Juda und den Stamm Benjamin, die in etwa das Territorium besiedelten, das David zunächst beherrscht hatte. Die Ägypter profitierten von der Teilung des Königreiches und fielen einige Jahre später in das Land ein. Sie eroberten Jerusalem und raubten Unmengen Gold aus dem Tempel und dem königlichen Palast, darunter die goldenen Schilde, die Salomos Wachen einst trugen. Selbstverständlich hatte Gott seine Hand im Spiel, denn der schwache Herrscher Rehabeam hatte seinen Frauen, die allesamt ausländische Prinzessinnen waren, erlaubt, Götzen anzubeten. Eine dieser Frauen, genannt Maanca, hatte es sogar gewagt, im königlichen Palast einen Tempel für Aschrael erbauen zu lassen. Im anderen Teil des geteilten Königreiches stand es nicht besser. Jerobeam I. war ein großer Sünder. Er hatte gegen Jerusalem die Reichsheiligtümer Bethel und Dan am Fuße des Berges Hermon mit jeweils einem Goldenen Kalb einrichten lassen, um dem Pilgerstrom in die Heilige Stadt Einhalt zu gebieten. Entsetzt warteten die Priester und wahren Gläubigen in Juda, während Jerobeam I. das Kultsymbol in Bethel mit einer pompösen Zeremonie einweihte. Er

wurde jedoch vom Erscheinen „eines Mannes Gottes" unterbrochen, von einem Propheten, der lang anhaltendes Unglück und ein unmittelbar bevorstehendes Aufsehen verkündete. Bei diesen Worten zerbrach der Altar in zwei Teile und die Asche des Opfers verteilte sich über dem Boden. Der König streckte seinen Arm aus, als er seinen Wachen befahl, den Propheten gefangen zu nehmen. Plötzlich wurde sein Arm so steif wie eine Eisenstange und er war gezwungen, wahre Reue zu zeigen, bevor der Herr den Arm wieder beweglich machte. Unter diesen beiden schlechten Königen, die vor dem Herrn in Ungnade gefallen waren, herrschte in Israel und Juda ständig

170–171 *Unter geschicktem Einsatz von Licht- und Farbeffekten hat Jean Honoré Fragonard die prunkvolle Einweihung des Altars von Bethel eingefangen, auf dem das Goldene Kalb thront. Die Handschrift des Künstlers aus dem 18. Jahrhundert ist deutlich zu erkennen. König Jerobeam I. wendet sich dem Propheten zu und befiehlt seinen Wachen mit ausgestrecktem Arm, ihn gefangen zu nehmen. Sein Arm erstarrt jedoch mitten in der Bewegung.*

Krieg. Dieser Zustand sollte unter ihren Nachfolgern, von denen einige noch gottloser waren, weitere 50 Jahre andauern. Einer dieser sündigen Herrscher war Abija von Juda, der „alle Sünden seines Vaters wiederholte". Ein anderer hieß Bascha. Er bemächtigte sich des Thrones Israels, indem er den Sohn Jerobeams I. meucheln ließ. Baschas eigener Sohn wurde dafür von Zimri, während eines Trinkgelages ermordet. Zimri regierte nur eine Woche. Er kam in dem Palastfeuer ums Leben, das er selbst gelegt hatte, nachdem sein Rivale Omri ihn besiegt hatte. Omri wiederum „tat, was böse war in den Augen des Herrn". Die Bibel spricht nicht ausführlich über ihn. Er muss jedoch eine außergewöhnliche Persönlichkeit gewesen sein, denn es gelang ihm, die syrischen Könige in Damaskus festzusetzen, und viel später bezogen sich die Assyrer auf Israel, wenn sie von „Mat Khamri" oder „dem Land des Omri" sprachen. Omri verlegte seine Residenz auf einen Hügel im Zentrum eines Tales. Dort gründete er die Stadt Samaria. Außerdem stärkte er Judas traditionelle Allianz mit den Phöniziern, indem er seinen Sohn Ahab mit Prinzessin Isebel vermählte, Tochter von Ethbaal, König von Sidon. Ethbaal hatte den Herrscher von Tyros gemeuchelt und sich des Thrones bemächtigt. Bevor er sich zum König machte, war er

Hohepriester der Aschtoret (Astarte), der Göttin der Fruchtbarkeit und des Krieges. Seine Tochter war in einer Atmosphäre inbrünstiger religiöser Abgötterei aufgewachsen und eine glühende Verehrerin des Gottes Baal. Baal war der Hauptgott der Phönizier, „Herr der Erde“, der auf den Feldern lebte. Als Ahab nach dem Tod seines Vaters den Thron bestieg, überredete ihn seine Gemahlin Isebel, einen Tempel zu Ehren Baals in Samaria erbauen zu lassen und dem Gott einen heiligen Wald zu weihen, wie es bei den Phöniziern Brauch war. Ahab umgab sich mit den Priestern verschiedener Gottheiten, während die Königin die Priester des einzig wahren Gottes verfolgen und sogar töten ließ. Das blutbefleckte königliche Paar wurde mit dem Propheten Elia konfrontiert, einem finsteren, asketischen und bärtigen Mann, der nur in ein Lendentuch gehüllt war. Gott sandte Saatkrähen mit Futter im Schnabel zu Elia und gab ihm die Kraft, so schnell zu rennen wie Ahabs königlicher Streitwagen. Und er erlaubte Elia, die Herausforderung zu gewinnen, die der Prophet 400 Baalpriestern gestellt hatte, indem er Feuer vom Himmel sandte, das den Ochsen verzehrte, den Elia auf dem Altar geopfert hatte, während er die Opfer der Baalpriester ignorierte. Nach diesem Triumph und Beweis des einzig wahren Gottes erhob sich das Volk Israel und metzelte die Repräsentanten des Gottes Baal nieder. Elia aber suchte in einer Höhle im Sinai vor der Rache Isebels Schutz. Der Herr befahl ihm jedoch, zurückzukehren. Auf der Rückreise traf Elia Elischa, den er zu seinem Nachfolger bestimmte. Ahab fand in der Schlacht gegen Syrien den Tod, wie ihm der Prophet Micha geweissagt hatte. Elia forderte Ahabs Sohn und Nachfolger Ahasja, ebenfalls ein „Diener Baals“, heraus. Der neue König entsandte drei Truppen mit jeweils 50 Soldaten, die den Propheten gefangen nehmen sollten. Die beiden ersten wurden von einem Feuer verzehrt, das vom Himmel auf sie niederkam. Der Befehlshaber der dritten Truppe verhielt sich gegenüber dem Propheten respektvoll und begleitete ihn in den Palast in Samaria. Dort terrorisierte Elia den König, indem er ihm verkündete, seine Nachkommen würden wegen seiner Gottlosigkeit niemals regieren. Als Elia spürte, dass der Herr ihn zu sich rufen würde, zog er sich in Begleitung von Elischa an den Jordan zurück. In einigem Abstand folgten ihnen 50 weitere Propheten, die wussten, was geschehen würde, und dem Ereignis beiwohnen wollten. Als sie an den Fluss traten, teilte Elia mit seinem Umhang das Wasser, so dass er und Elischa das andere Ufer unbeschadet erreichen konnten. Ein Feuerwagen, gezogen von Feuerpferden, stieg vom Himmel herab, nahm Elia auf und brachte ihn in den Himmel.

172 In der Casa Ricciarelli in Siena hat Daniele da Volterra einen erschöpften und zerlumpten Propheten Elia zwischen dunklen Schatten verewigt. Die Figur steht in Kontrast mit der feierlich ruhigen Landschaft im Hintergrund. Der Künstler zog sich den Spottnamen „il Braghettone“ zu, weil er 1564 Lendentücher über Michelangelos Akte in der Sixtinischen Kapelle malen ließ.

172–173 *Der erste Prophet Israels wettert gegen die Anhänger Baals und ermahnt die Juden, den einzig wahren Gott zu verehren, Johann Heinrich Schönfeld, 17. Jahrhundert. Es ist kein Zufall, dass die hebräische Form des Namens Elia, Elijja(hu), „mein Gott ist Jahwe“ bedeutet.*

174 Die Ikone aus dem 18. Jahrhundert zeigt Szenen aus dem Leben Elias. In der zentralen Darstellung füttern Raben den Propheten, ein Symbol für Gottes Wille, der auch die Natur lenkt: „… und ich habe den Raben befohlen, dich hier zu füttern." (Erstes Buch der Könige 17,4).

175 Elia steigt im Feuerwagen in den Himmel auf. Die griechische Ikone aus dem 17. Jahrhundert fängt das Ereignis in leuchtenden Farben ein. Unterhalb der Feuerpferde ist Elias Nachfolger Elischa zu erkennen

176 Die Abbildung stammt aus der Histoire de l'Ordre de la Toison d'Or, *einem Werk des französischen Kardinals, Humanisten und Kosmographen Guillaume Fillastre (14.–15. Jahrhundert). Dargestellt ist die Geschichte von Jehu und Isebel sowie das furchtbare Ende der Königin. Die Ereignisse sind eine Allegorie des Edelmuts.*

177 In dieser Szene (1520) hat Cornelis Engelbrechtsen, manieristischer Maler und erstes Mitglied der Schule von Leiden, expressiv die Heilung des Leprakranken Naaman durch den Propheten Elischa dargestellt. Naaman, Hauptmann der Armee König Arams, steht nackt in den heiligen Wassern des Jordan.

Elischa nahm Elias Umhang auf und teilte das Wasser erneut, um trockenen Fußes ans andere Ufer zu gelangen. Dort feierten ihn die 50 wartenden Propheten als Elias Erben. Einige Jahre später erhielt Isebel ihre wohlverdiente Strafe. Sie blickte aus einem Fenster des königlichen Palastes, während sie Jehu, den Befehlshaber des Heeres, wüst beschimpfte und ihn beschuldigte, verantwortlich für den Tod ihres Sohnes Joram zu sein. Da warfen sie die Palasteunuchen aus dem Fenster und das Pferd Jehus trampelte sie zu Tode. Anschließend verschlangen Hunde ihren Leichnam, wie Elischa es prophezeit hatte. Elischa vollbrachte viele Wunder. Das bemerkenswerteste war jedoch die Befreiung Samarias, der Hauptstadt Israels, von den Armeen Ben-Hadads, des Königs von Syrien, der die Stadt belagern ließ. Samaria schien bereits dem Untergang geweiht, denn seine Bewohner waren vor Hunger außer sich. Elischa rief den Herrn an und beschwor in der Nacht ein Getöse von galoppierenden Pferden, Streitwagen und Trompeten herauf, das sich hinter den syrischen Truppen erhob. Die Belagerer glaubten, sie selbst würden nun von den Hethitern angegriffen, und flüchteten in Panik nach Damaskus. Nachdem der Friede wiederhergestellt war, sandte der schwer kranke Ben-Hadad seinen Boten Hasael zu Elischa, der sein Schicksal erfragen sollte. Würde er leben oder sterben? Der Prophet antwortete, dass der König sterben werde, jedoch nicht an seiner Krankheit, und Hasael werde ihm auf den Thron folgen. Hasael eilte nach Damaskus zurück und erfüllte die Prophezeiung: Er erstickte Ben-Hadad mit einem schweren, Wasser getränkten Mantel und rief sich selbst zum König von Syrien aus. Anschließend eroberte er jenen Teil Israels, der östlich des Jordan liegt, und griff Juda an. Jerusalem war gezwungen, den Tempelschatz herauszugeben, um die Stadt zu retten. Die Hauptstädte Israels und Judas waren in großen Schwierigkeiten. Beide Königreiche wurden von Männern regiert, die durch Blutvergießen an die Macht gekommen waren. Einige Jahre lang einte eine energische und eigensinnige Frau die beiden Kronen. Atalja, die Tochter von Ahab und Isebel, die so gottlos wie ihre Eltern war, heiratete Joram, den König von Juda. Nach seinem Tod bemächtigte sich ihr Sohn Ahasja des Throns. Als Nachkomme Ahabs, pochte Ahasja auf sein Recht auf den Thron von Israel, den Jehu usurpiert hatte. Jehu beseitigte diese Bedrohung, indem er Ahasja tötete. Atalja beschloss daraufhin, selbst zu regieren, und ließ alle Prinzen ihrer Dynastie ermorden. Nur der Knabe Joas überlebte, denn eine Amme versteckte ihn und zog ihn im Verborgenen auf. Sechs Jahre später meuchelten Verschwörer die verderbte Ahasja und Joas wurde zum König gekrönt. 40 Jahre herrschte Joas, der einzige Überlebende aus der Linie Davids. Die Regentschaft seines Sohn Amazja war kürzer, aber schwieriger, und am Ende musste er aus Jerusalem fliehen, um einem Anschlag auf sein Leben zu entgehen. Seine Feinde holten ihn jedoch auf der Flucht ein und töteten ihn.

178–179 Einem anonymen Künstler ist die Episode aus dem Jahr 1606 zu verdanken, in der der Prophet Jona über Bord geworfen wird. Der Prophet war geflohen, um die Stadt Ninive nicht zur Buße rufen zu müssen, wie Gott ihm aufgetragen hatte.

179 Die Mosaiken aus der Markuskirche in Venedig zeigen die Propheten Jesaja, Hosea und Micha, die in der Geschichte des auserwählten Volkes eine entscheidende Rolle gespielt haben. Sie waren berufen, alle Zeichen der Zeit auf jedem Gebiet (politisch, sozial und religiös) zu deuten, und verdammten jede Abweichung von Gottes Weg.

Zu Beginn des 8. Jahrhunderts v. Chr. brachen mit zwei ehrenwerten Königen bessere Zeiten an. Jerobeam II. regierte in Israel und Osia in Juda. Jerobeam II. besiegte die Syrier und eroberte das Königreich Damaskus und Osia setzte sich gegen die Städte der Philister an der Küste durch. Es begann eine Zeit wirtschaftlichen Wohlstandes. Darauf weisen Schmuckstücke und andere Luxusgüter hin, die man bei Grabungen in Samaria entdeckt hat, ebenso wie Schreibtafeln, die von einem prunkvollen Hof sprechen. Die eroberten Völker mussten Tribute entrichten. Handel, Agrikultur und Viehhaltung florierten. Die einzigen, die wie immer unglücklich waren, waren die Propheten, die nie müde wurden, gegen die Sünde zu wettern und ohne Unterlass Katastrophen prophezeiten. Einer von ihnen war Jona, dem Gott auftrug, die Stadt Ninive zur Buße zu rufen. Jona gehorchte jedoch nicht und floh auf einem Schiff. Während eines Sturmes warf ihn die Mannschaft über Bord und er wurde von einem großen Fisch verschluckt. Drei Tage darauf spuckte ihn der Fisch an Land und der Prophet begab sich unverzüglich nach Ninive, denn er hatte begriffen, dass er Gott Gehorsam schuldete. Der Prophet Amos hielt aufgebrachte Reden nahe den Goldenen Kälbern. Er ließ kein gutes Haar an den Höflingen von Samaria und nannte ihre Frauen „Kühe". Der gebildetere Hosea wetterte gegen die Verderbtheit des Brauchtums der Völker und Micha sah überall die Bedrohung durch Blutsbanden, Söhne, die sich gegen ihre Väter erhoben, und Töchter, die sich gegen ihre Mütter wandten. Er prophezeite den Untergang Samarias und ein noch schlimmeres Schicksal für Jerusalem, das aufgegeben, zu einem Schutthaufen verfallen und wie ein Feld umgepflügt würde. Jesaja wiederholte Michas Weissagungen, sah jedoch weiter voraus und prophezeite, dass auf das Leid eine ruhige Zukunft folge, in der „Schwerter zu Pflugscharen" und die Völker nicht mehr die Waffen gegeneinander erheben würden.

180 Die Rückseite der Türen des Genter Altars ziert der Prophet Micha, ein Mann der Moral, der Strenge und der Weisheit. Hubert van Eyck begann das Meisterstück der flämischen Malerei, sein Bruder Jan vollendete es 1432.

181 Michelangelo verewigte den freundlichen Jesaja 1512 am Gewölbe der Sixtinischen Kapelle. Zwei Putten ziehen die Aufmerksamkeit des Propheten auf sich, der eine Hand in ein Buch klemmt, um sich die Seite zu merken. Die sieben Propheten, die in der Sixtinischen Kapelle dargestellt sind, repräsentieren entweder das Warten auf die Ankunft des Erlösers und die Hoffnung auf sein Erscheinen oder die sieben Gaben des Heiligen Geistes.

Die assyrische Bedrohung

Wie gewöhnlich sollten die Pessimisten Recht behalten. Nach dem Tod von Jerobeam II. griffen Verbrechen und Verschwörungen erneut um sich und während Israel in Erbfolgekriege verstrickt war, tauchte eine neue Bedrohung aus dem Norden auf. Unter König Pul (laut Bibel) beziehungsweise König Tiglatpileser III. (gemäß Historikern) drangen die Assyrer mit einem riesigen Heer in das kleine Königreich ein. Samaria konnte sich nur retten, indem es einen sagenhaften Tribut von 1 000 Silbertalenten bezahlte. Dies sollte jedoch nur ein Vorgeschmack auf kommende Ereignisse sein, denn die Assyrer kehrten mehrmals zurück und 727 v. Chr. belagerten sie Samaria erneut. Nach drei Jahren gaben die Bewohner auf. Dieses Mal mussten sie einen noch höheren Tribut bezahlen. Archäologen haben im Palast des assyrischen Königs Sargon II. in Dur-Scharrukin (heute Khorsabad) am Tigris, nördlich von Ninive, eine Inschrift entdeckt, die besagt: „Im ersten Jahr meiner Herrschaft belagerte ich Samaria und eroberte es. Ich machte 27 290 lebende Gefangene und nahm 50 herrliche Silberstreitwagen für meine königlichen Streitkräfte in Empfang." Die Samaritaner wurden nach Assyrien und Midian verschleppt und die Syrer nahmen ihren Platz ein. Damit war das Ende des Königreiches Israel und seiner zehn Stämme besiegelt, die im Dunkel der Geschichte verschwanden, durch Legenden jedoch immer wieder zu neuem Leben erweckt wurden. Einige exzentrische Forscher ernannten die zehn Stämme Israels sogar zur einheimischen Bevölkerung Amerikas.

Zu jener Zeit war Hesekia König von Jerusalem. Seine Devotion gefiel dem Herrn und er erlöste ihn von einer schweren Krankheit, die ihm beinahe das Leben gekostet hätte. Auch das kleine Königreich Juda musste der Macht Assyriens weichen und einen schweren Tribut entrichten. Das Joch der Assyrer war jedoch nicht nur für die Juden unerträglich. Alle Vasallenstaaten im großen assyrischen Reich versuchten ihre Ketten zu sprengen. Unter dem Vorwand, Hesekia zu seiner Genesung gratulieren zu wollen, reiste ein Gesandter von Mardukapaliddina II., König von Babylon, nach Jerusalem. Sein wahrer Auftrag lautete, dem Herrscher eine antiassyrische Allianz zwischen Juda, Ägypten, Edom, Moab, Phönizien und den Philistern vorzuschlagen. Hesekia nahm an und zeigte dem Gesandten seinen Schatz, um sich bei ihm einzuschmeicheln. Der empörte Prophet Jesaja warnte den unvorsichtigen König, dass nicht nur all seine Reichtümer, sondern das ganze Volk von Jerusalem eines Tages nach Babylon verschleppt würden. In der Zwischenzeit hatten die Assyrer von der Verschwörung erfahren und ihr unbesiegbares Heer unter Sanherib machte sich auf, um jede Rebellion im Keim zu ersticken. Als Hesekia erkannte, dass er den Assyrern nicht standhalten konnte, bereute er, sich gegen sie verschworen zu haben. Er bat um Gnade und bot eine solch immense Summe an, dass man die goldenen Beläge der Tempeltüren entfernen musste. Das war Sanherib jedoch nicht genug und er beschloss, Jerusalem mit einem Marsch auf die Stadt zu bestrafen. Bevor er sich jedoch um Jerusalem kümmern konnte, musste er sich den Ägyptern stellen. Nachdem er diese besiegt hatte, fiel sein Heer einer Epidemie zum Opfer, bevor er sich gegen Hesekia wenden konnte. Gemäß der Bibel wurden 185 000 Soldaten in einer einzigen Nacht dahingerafft.

Nachdem Sanheribs Heer in sein Land zurückgekehrt war, waren Juda einige Jahre Frieden beschert. Doch auf den guten König Hesekia folgte dessen gottloser Sohn Manasse. Er ließ die Altäre Baals wieder errichten, die sein Vater hatte zerstören lassen. Daraufhin schickte Gott erneut die Assyrer ins Land, die den Herrscher gefangen nahmen und in Babylon einsperrten. Manasse bereute seine Dummheit und bat Gott um Gnade. Der Herr setzte ihn wieder auf den Thron und Manasse blieb 45 Jahre König von Juda, länger als jeder andere Herrscher.

182–183 *Das Schicksal König Hesekias, der zur Zeit Jesajas über Jerusalem herrschte, war erfüllt von göttlichen und Glaubenssymbolen, die viele Künstler des 17. Jahrhunderts inspirierten. In der dramatischen* Niederlage des Sanherib *(um 1615) hat Peter Paul Rubens in einer Welle von Körpern, Ereignissen und Emotionen die Niederlage festgehalten, die Gott den assyrischen Armeen beibringen ließ.*

Der Fall Jerusalems

Amon, der Sohn Manasses, führte die verbotene Abgötterei wieder ein und wurde nach nur zwei Jahren auf dem Thron von seinen Dienern ermordet. Amons Sohn Joschija war noch ein Kind, doch er befolgte die Anweisungen des Herrn. Er ließ die Anhänger der falschen Götter verfolgen und sicherte sich damit die Bewunderung des Propheten Jeremia. Mit 39 Jahren, in seinem 31. Regierungsjahr, war Joschija gezwungen, gegen die Ägypter unter Pharao Necho II. zu kämpfen, der nach Norden marschierte, um sich mit den Assyrern gegen die Babylonier zu vereinen. Während der Schlacht bei Megiddo wurde Joschija von einem Pfeil getroffen. Später starb er an der Verletzung. Kurz darauf besiegten die Babylonier die Assyrer und teilten sich die Beute mit den Midianitern. Der babylonische König Nebukadnezar erhielt Syrien und Palästina. Er bereiste seine neuen Besitztümer, um seine Autorität zu bekräftigen und Tribute einzufordern. In Jerusalem entthronte der neue Oberherr Jojachin, den Sohn Joschijas und verbannte ihn und seinen Hof nach Babylon. Seinen Platz nahm Mattanja, sein Onkel ein, der den Namen Zedekia annahm. Ungeachtet der Warnungen des Propheten Jeremia beging der junge Zedekia mindestens zwei Fehler. Er erhob sich gegen die Babylonier, was in den Augen des Herrn falsch war. Im neunten Jahr seiner Regentschaft belagerte Nebukadnezars Heer Jerusalem. Zwei Jahre vergingen, in denen jeder Angriff auf die Stadt fehlschlug, doch der Hunger ließ die Bewohner der Stadt verzweifeln. 587 v. Chr., kurz bevor Jerusalem aufgab, versuchte Zedekia mit seiner Familie, seinen Höflingen und einigen Wachen bei Nacht in Richtung Jordantal zu fliehen. Die Babylonier waren jedoch wachsam und nahmen die Verfolgung auf. Die Wachen gaben den König preis und er wurde in der Ebene von Jericho gefangen genommen. Man schaffte ihn nach Ribla, nahe Damaskus, und brachte ihn vor Nebukadnezar. Alle Söhne Zedekias wurden vor den Augen ihres Vaters getötet, danach stach man ihm die Augen aus. Man legte den Unglückseligen in Ketten und warf ihn in Babylon in den Kerker, den er bis zu seinem Tod nicht mehr verließ. Seine Hauptstadt erlitt ein ähnlich grausames Schicksal. Tempel, Palast und alle anderen Gebäude wurden ihrer Reichtümer beraubt und niedergebrannt. Die Stadtmauern wurden geschleift. 50 Jahre blieb die Heilige Stadt, die Stadt Davids und Salomos, ein verlassenes Trümmerfeld, denn alle Bewohner waren gefangen genommen und nach Babylon verschleppt worden.

***184 unten und 184–185** Die Bibliothèque de l'Arsenal in Paris besitzt ein illuminiertes Manuskript, das um 1410 in Frankreich gefertigt wurde. Es könnte Jean sans Peur, dem Herzog von Burgund, gehört haben und illustriert das* Dekameron *von Boccaccio. Die Darstellungen beziehen sich auf die Zerstörung des Tempels von Jerusalem und auf die Deportation der Juden nach Babylon.*

***185** In Ketten werden die Juden dem babylonischen König Nebukadnezar (6. Jahrhundert v. Chr.) vorgeführt, Darstellung aus dem* Psalter der heiligen Elisabeth. *Die präzise ausgeführte Arbeit (1200–1217) stammt von vier oder mehr Künstlern der thüringisch-sächsischen Schule. Möglicherweise war sie ein Hochzeitsgeschenk für Sophia von Sachsen und Hermann, Landgraf von Thüringen.*

VON DER BABYLONISCHEN GEFANGENSCHAFT BIS ZUM MAKKABÄER-AUFSTAND

186 Im Jahr 70 wurde Josephus, ein Offizier der jüdischen Armee, von den Römern gefangen genommen und Geschichtsschreiber des Reiches. In seinem Werk Antiquitates Judaicae *(die jüdische Geschichte bis zum Jahr 66) berichtet er von der Eroberung Jerusalems. Diese Szene stammt aus einem Manuskript des 15. Jahrhunderts, das das Werk Josephus' illustriert.*

187 In dieser französischen Darstellung aus der gleichen Zeit nimmt Kyros II. von Persien Babylon ein (539 v. Chr.) und erlaubt den Juden, nach Israel zurückzukehren. Etwa 50 000 Menschen fanden den Mut, eine etablierte Gemeinschaft zu verlassen, das Risiko der langen Reise nach Jerusalem einzugehen und einer unsicheren Zukunft entgegenzublicken.

An den Gewässern Babylons

Nach einem langen, qualvollen Marsch erreichten die Gefangenen Babylon. Die Stadt und ihre Umgebung müssen sie zweifellos beeindruckt haben. Babylon war keine Anhäufung von Hütten in schmalen, gewundenen Gassen oder an steilen Hängen wie Jerusalem. Es war eine weitläufige Metropole, die sich zu beiden Seiten eines Flusses in der Ebene erstreckte. Massive Verteidigungsmauern umgaben die Stadt und ein Netz rechtwinkliger Straßen durchzog sie. Die breiteste, die Prozessionsstraße, erstreckte sich vom prächtigen Ischtartor bis hinter die Hängenden Gärten. Das Tor zierten glasierte Ziegel mit Flachreliefs und die Gärten zählte man später zu den sieben Weltwundern. Gegenüber erhob sich der Tempel der Muttergöttin Ninmach, der mit seinen weiß gestrichenen Wänden und den vielen Türmen an eine Festung erinnerte. Weiter oben an der Prozessionsstraße befand sich der Tempelturm Etemenanki, eine siebengeschossige Zikkurat, die über einer quadratischen Plinte mehr als 90 m in die Höhe ragte. Die Stufen, die auf die Zikkurat führten, verliefen im Freien. Herodot, der den Turm 460 v. Chr. bestieg, berichtet: „Auf halbem Weg befindet sich eine Plattform mit Sitzen, auf denen man verweilen kann." Auf der letzten Plattform erhob sich ein riesiger Tempel, reich geschmückt mit einer goldenen Tafel und einem goldenen Bett. Jede Nacht begrüßte eine Priesterin den Gott Marduk, der sich hier niederlegte. Kein anderer Mensch durfte dort von Sonnenuntergang bis Sonnenaufgang verweilen.

In der Stadt gab es über 50 weitere Tempel und es wimmelte von Menschen: langhaarige Männer in parfümierten Leinengewändern, wollenen Umhängen und mit Mitren auf dem Haupt. Sie trugen ein zylindrisches Siegel um den Hals und hielten einen gravierten Stab in Händen. Die heiligen Prostituierten, die ihren Beruf im Tempel der Ischtar, der Liebesgöttin ausübten, boten sich den Besuchern der Stadt an. Es war eine religiöse Pflicht, die zumindest einmal erfüllt werden musste. Die hoch angesehenen Frauen kamen ihrer Verpflichtung auf ihren luxuriösen Kutschen nach, umgeben von vielen Sklaven.

Die geschäftigsten Viertel der Stadt erstreckten sich entlang der Uferstraßen des Euphrat. Eine Brücke ruhte auf acht Pfeilern und war so hoch, dass kleine und große Boote hindurchfahren konnten. Die runden Gestelle der Boote waren aus Weidenruten gefertigt, mit Häuten überzogen und mit Stroh gefüttert. Manövriert wurden die Boote mit Schifferstangen. Sie kamen aus den assyrischen Bergen und transportierten jede Ware, wie zum Beispiel Ziegenlederschläuche mit Wein und Tiere. Zumindest ein Esel war immer an Bord, denn sobald die Schiffer ihre Fracht, das Holzgestell und das Stroh verkauft hatten, rollten sie die Tierhäute auf, luden sie auf den Esel und kehrten zu Fuß mit den Erlösen ihrer Reise in die Berge zurück.

Die Kranken lagen in der Öffentlichkeit an den Ufern, die Reisende und Landbewohner auf ihrem Weg in die Stadt passierten, wo sie Waren kaufen oder verkaufen wollten. Es war Brauch, dass jeder Passant den Leidenden riet, welches Heilmittel er einnehmen sollte, um sich besser zu fühlen.

***188 unten und 189 unten** Zur Zeit Nebukadnezars wurden die Prozessionsstraße und das Ischtartor in Babylon mit Löwen und „mushkhush" (Drachen des Gottes Marduk) verziert.*

***188–189** Mit dieser Rekonstruktion des königlichen Palastes in Babylon illustrierte Johann Bernhard Fischer von Erlach 1721 sein Kupferstichwerk* Entwurf einer Historischen Architektur.

SPECTACVLA BABYLONICA.

190 und 191 *Wassilij Surikow (1848–1916) war Meister in der Darstellung historischer Szenen. In diesem Gemälde illustriert er die Episode, die in* Daniel 5, 1 *erzählt wird: „Der König Belsazar machte seinen tausend Gewaltigen ein großes Mahl, und vor den Tausend trank er Wein." Im Verlauf des Banketts erschien eine Hand, die mysteriöse Worte an die Wand schrieb, die nur Daniel deuten konnte, der in der Sixtinischen Kapelle als junger Mann dargestellt ist (Seite 191). Seine Prophezeiung sollte sich wenige Stunden später erfüllen.*

Die prächtige Hauptstadt war umgeben von Gemüse-, Obst- und Blumengärten, von Dattelpalmenhainen und Granatapfelbäumen. Die gefangenen Israeliten müssen hier zwar nicht körperlich, aber doch psychisch gelitten haben, denn sie hatten großes Heimweh. Nachdem man sie in der und um die Stadt untergebracht hatte, machte man sie zwar nicht zu Sklaven, aber zu Bewohnern, die zur Zwangsarbeit verurteilt waren. Im Allgemeinen bestand die Zwangsarbeit daraus, Bewässerungskanäle anzulegen und instand zu halten, denn sie waren lebensnotwendig für die Wirtschaft der Region. Ansonsten behandelte man die Juden wie alle anderen Völker des Reiches, einschließlich der Babylonier. Sie konnten ihren eigenen Lebensstil praktizieren und jede Arbeit aufnehmen. Einige Juden kultivierten die Felder und züchteten Tiere, andere entdeckten ihr Gespür für den Handel, der in der riesigen Stadt florierte. Viele kamen zu Reichtum und die Ärmsten wurden von den königlichen Vorratskammern täglich mit dem Nötigsten versorgt. Die jüdische Kolonie in Babylon gehörte zu einer der reichsten und größten Diaspora, die bis Mitte des nachfolgenden Jahrhunderts Bestand haben sollte.

Das erzwungene Leben in einem fremden Land stärkte den Sinn der Juden für ihre Identität ebenso wie ihre religiöse Hingabe. Die Reden des Propheten Ezechiel taten ein Übriges, denn er verkündete den Gläubigen, ihre babylonische Gefangenschaft würde nicht länger als 70 Jahre dauern. Die Juden konnten ihre eigene Religion frei ausüben, so lange sie die anderen Religionen in einem Land des Polytheismus respektierten. Da dem auserwählten Volk der Tempel von Jerusalem nicht mehr zur Verfügung stand, versammelten die Gläubigen sich zum Gebet und zur religiösen Unterweisung in „Sälen", den Synagogen.

Endlich neigten sich die 70 Jahre der Strafe, die Gott seinem widerspenstigen Volk auferlegt hatte, dem Ende zu, ebenso wie das babylonische Reich. Im Osten erhob sich eine neue Macht und 539 v. Chr. belagerte das Heer König Kyros II. von Persien Babylon. Von den Türmen beobachteten die Bewohner der Stadt überrascht den Versuch der Perser, eine Arbeit zu vollbringen, die ebenso erschöpfend wie unbegreiflich war: das Ausheben eines tiefen Grabens um die Stadt. Die Babylonier glaubten, die Perser wollten die Stadt isolieren, sodass weder Lebensmittel noch Hilfe in die Stadt gelangten. Dies erschreckte sie jedoch nicht allzu sehr, denn sie hatten Nahrungsmittel für Jahre in ihren Vorratshäusern. Kyros der Große plante jedoch, das Wasser des Euphrat abzuleiten, damit sein Heer über das trockene Flussbett in die Stadt gelangen konnte. Eines Nachts war das Werk vollbracht und Babylon wurde im Nu erobert. An diesem Abend hatte Belsazar, der letzte König der Stadt, ein Gastmahl gegeben. Als er Gott beleidigte, erschien eine Hand und schrieb die aramäischen Worte „Meneh meneh tekel upharsin" an die Wand, was bedeutet „gewogen, gezählt, geteilt". Keiner der Weisen Babylons konnte diese Worte deuten, ungeachtet dessen, dass ihr Ruf um die Welt geeilt war. Dem Rat der Großmutter des Königs folgend, rief man einen Juden in den Palast. Es war Daniel, der die Fähigkeit besaß, Träume zu deuten sowie Rätsel und Zauber zu lösen. Es handelte sich um den Daniel, der später in die Löwengrube geworfen werden sollte. Er erklärte dem erstaunten Belsazar, dass Gott ihn auf der Waage gewogen und für zu leicht befunden habe, deshalb werde sein Königreich zwischen Medern und Persern aufgeteilt. Wenige Stunden später hatte sich Babylons Schicksal erfüllt.

192 Nach dem Fall Babylons im Jahr 539 v. Chr. ließ Kyros II. von Persien den Tempel in Jerusalem wieder aufbauen. Davon berichtet Das Buch Esra, *das mit dem Erlass des Königs beginnt. Esra führte eine der ersten Gruppen der zurückkehrenden Juden an, die sich der offenen Feindseligkeit jener gegenübersahen, die sich mittlerweile in Israel niedergelassen hatten. Eine Darstellung in der* Bible historiale *von Guiard des Moulins zeigt die Rekonstruktion des Tempels.*

Es gab keine Massaker, Deportationen, Tempelabbrüche oder Plünderungen. Der nachsichtige Kyros II. wollte lediglich, dass seine neuen Untertanen begriffen, dass er von nun an ihr Herrscher war. Ansonsten konnten sie ihr bisheriges Leben weiterführen. Er erlaubte sogar den Menschen, die von den Babyloniern verschleppt worden waren, in ihre Heimat zurückzukehren, falls sie dies wünschten. Viele Juden nahmen dieses Angebot dankbar an, aber nicht alle. Vielleicht noch nicht einmal die Mehrheit, denn die Bibel spricht von 50 000. All jene, die sich eine gewisse Stellung gesichert hatten, Handwerker, Kaufleute, Geldwechsler und eine Art Bankier, erhielten sich lieber den Wohlstand, den sie erworben hatten, als einer ungewissen Zukunft entgegenzugehen, in einem Land, das ihnen fremd war.

Eine Gruppe brach sofort auf. Sie wurde von Sheshbazzar angeführt, einem Fürsten des Königreiches Judäa, den Kyros II. zum Statthalter ernannt hatte. Nach einer beschwerlichen Reise erreichte die Gruppe 538 v. Chr. ihre Heimat, als die Herbstregen einsetzten. Dies war die Zeit des Pflügens und des Säens, damit im darauf folgenden Jahr geerntet werden konnte. Auf dem Berg Zion errichteten die Juden einen Behelfsaltar, der ihnen dienen sollte, bis der neue Tempel fertig gestellt war. Es sollten jedoch Jahre vergehen und erst unter der Herrschaft Dareios' I., des neuen Königs von Persien, ließ sich das Vorhaben verwirklichen. Zu jener Zeit erreichte die zweite Emmigrantenwelle aus Babylon ihre Heimat Judäa. Die Vertriebenen unterstanden Serubbabel, Enkel des Königs Jojachin von Juda, und Josua, Enkel des letzten Hohepriesters. Moralische Unterstützung kam von den Propheten Haggai und Sacharja. Der neue Tempel wurde an derselben Stelle wie der alte erbaut. Er war zwar größer als der erste, hatte jedoch nicht dessen Majestät und reichen Dekor. 515 v. Chr. war das Bauwerk fertig gestellt. Viele ältere Juden, die sich an den Tempel Salomos erinnerten, waren enttäuscht und brachen beim Anblick des neuen Heiligtums in Tränen aus. Eine Steinmauer trennte den Tempel von der Stadt. Zu dem Komplex gehörten ein Außenhof mit Vorratshäusern und Unterkünfte für die Priester entlang der Mauer. Den Innenhof, in dessen Mitte sich der Opferaltar befand, schloss eine Mauer ab. Das Heiligtum war leer. Die Bundeslade war seit der Plünderung der Stadt durch die Babylonier viele Jahre zuvor verschwunden. Außerdem gab es kein politisches Zentrum mehr für den jüdischen Staat. Salomos prächtiger Palast war zu Asche verbrannt und konnte nicht wieder aufgebaut werden, denn Jerusalem hatte keinen König, nur einen Statthalter, den ein fremder Herrscher ausgewählt hatte.

193 oben *Gustave Doré zeichnete diese Szene des Wiederaufbaus des Tempels für die berühmte Bibel, die 1865 in Frankreich veröffentlicht wurde. Er stellte hunderte von Episoden aus der Bibel in einem ansprechenden und maßgeblichen Stil dar, der sogar Einfluss auf das im Entstehen begriffene Kino hatte.*

193 unten *Kyros II. von Persien war für seine Zeit ein ungewöhnlich hochherziger Herrscher, der den Juden die Freiheit schenkte. Die rationale Darstellung der Episode stammt aus einem Buch des 19. Jahrhunderts, in dem mehrere Gemälde des französischen Malers Jean Fouquet (15. Jahrhundert) reproduziert wurden.*

194–195 Königin Esther taucht in der jüdischen Geschichte als liebevolle Person auf. Das Gemälde aus dem späten 15. Jahrhundert ist ein Werk des florentinischen Künstlers Jacopo del Sellaio, eines Schüler von Fra Filippo Lippi. Es zeigt Esther, die die Krone aus der Hand Ahasver(us) empfängt.

195 Filippino Lippi, der Sohn Fra Filippo Lippis – dessen zügelloses Leben darin gipfelte, dass er sein Dasein als Mönch aufgeben musste –, hat in diesem Gemälde, das ein Paneel auf einer Truhe ziert, drei Szenen aus dem Leben Esthers eingefangen: Mardochai klagt über das unglückliche Schicksal der Juden (links); Esther fällt vor dem König in Ohnmacht (Mitte); Haman bittet vergeblich um Gnade (rechts).

Die persischen Statthalter behandelten ihre jüdischen Untertanen stets zuvorkommend. Die Gemahlin Xerxes' I. war beispielsweise eine Jüdin namens Hadassa, Pflegetochter des Mardochai, die ein Komplott vereitelte, das der gottlose Wesir Haman angezettelt hatte, der die Juden ausrotten wollte. Haman hatte einen Galgen aufstellen lassen, an dem er Mardochai hängen lassen wollte, doch am Ende war er selbst es, der daran baumelte. Der persische Name für Hadassa lautet Esther und Xerxes wird in der Bibel Ahasver(us) genannt. Noch heute gedenken die Juden ihrer Errettung mit dem Purimfest, dass in den Februar oder März fällt und neben Gastmählern auch mit Aufführungen (Purimspiel) begangen wird.

196 *Der Prophet Esra war Schreiber und Gesetzgeber, der die Anbetung in Jerusalem wieder einführte. Der kastilische Maler Pedro Berruguete porträtierte ihn 1490 auf der Predella des Votivgemäldes in der Kirche Santa Eulalia in Paredes de Nava, dem Geburtsort des Künstlers.*

197 *Die Miniatur stammt aus einem Kodex des Werkes* Romance d'Alexandre, *das zwischen 1338 und 1344 in Flandern erstellt wurde. Oben: Ankunft der makedonischen Eroberer. Mitte und unten: Ein Gesandter von Dareios I. und ein bärtiger Mann treten vor den König von Persien.*

Artaxerxes I., Nachfolger Xerxes' I., schickte Esra, einen Priester, der in der jüdischen Gemeinde in Babylon geblieben war, mit 1700 Juden zurück nach Jerusalem. Esra führte die Einhaltung des mosaischen Gesetzes ein und hob die Ehen auf, die zwischen Juden und Nichtjuden geschlossen worden waren. Einige Jahre später bestürzten die Geschichten über die Trostlosigkeit Jerusalems einen anderen moralisch aufrichtigen Juden. Nehemia war der jüdische Mundschenk des Perserkönigs Artaxerxes' I., eine Stellung, die großes Vertrauen des Königs voraussetzte, denn zu jener Zeit waren Giftmorde nicht selten. Nehemia bat den König um Erlaubnis, nach Judäa gehen und die Mauern Jerusalems wieder aufbauen zu dürfen. Artaxerxes I. stimmte nicht nur zu, sondern ernannte Nehemia zum Statthalter von Judäa und ließ ihn von einer Eskorte begleiten. Mithilfe des Volkes und ungeachtet der Feindseligkeiten der benachbarten arabischen und Ammoniterstämme baute man die Mauern Jerusalems innerhalb von nur 52 Tagen wieder auf, wie die Bibel triumphierend verkündet. Der etwas realistischere Josephus Flavius berichtet hingegen, dass der Wiederaufbau zwei Jahre und vier Monate dauerte.

Ein Jahrhundert später fiel das persische Reich in die Hände eines makedonischen Eroberers: Alexanders des Großen. Nachdem der Feldherr Syrien erobert hatte, wandte er sich gegen Ägypten, das einem persischen Satrapen unterstand. Auf seinem Weg dorthin nahm er zunächst Tyros und dann Gaza ein. Anschließend bereitete er einen Marsch auf Jerusalem vor, um die Stadt zu bestrafen, die sich selbst pflichtgetreu als Dareios III., dem persischen König, zugehörig erklärt hatte. Als das Heer in Sichtweite der Stadt kam und die Soldaten sich bereits auf Massaker und Plünderungen freuten, traten die Menschen vor die Mauern der Stadt. Sie waren in weiße Gewänder gekleidet und der eloquente Josephus Flavius bemerkt: „… die Priester trugen feines Leinen und der Hohepriester in einer Hyazinthrobe bestickt mit Gold trug eine Mitra auf dem Haupt, über der ein Golddublee thronte, in das der Name Gottes graviert war." Alexander der Große fiel vor dem Hohepriester auf die Knie – zum Erstaunen seines Heeres, das glaubte, ihr Anführer habe den Verstand verloren. Seinem Freund Parmenio erklärte der Feldherr, er würde nicht dem Mann, sondern dem Gott huldigen, den der Priester repräsentiere, denn der Herr sei ihm im Traum erschienen, als er noch in Makedonien verweilte, und habe seinen Plan bezüglich der Eroberung Asiens gesegnet. Dann brachte Alexander der Große gemäß den Regeln der hebräischen Liturgie im Tempel ein Opfer dar. Am darauf folgenden Tag verkündete er, dass es den Juden erlaubt sei, nicht nur in Judäa zu leben, sondern überall im persischen Reich, das er noch erobern würde. Außerdem versprach er ihnen die Freiheit, in Einklang mit dem mosaischen Gesetz zu leben, und er befreite sie in jedem siebten Jahr von den Tributzahlungen.

Als Alexander der Große 323 v. Chr. starb, teilten seine Generäle das riesige Territorium, das er erobert hatte, von der Adria bis zum Indus, von Armenien bis zur Cyrenaika, unter sich auf. Die Ptolemäer Ägyptens und die Seleukiden Syriens stritten sich um Palästina. In diesen unruhigen Jahren beschlossen viele Juden aus Judäa, zu emigrieren und sich entweder in Kyrene niederzulassen oder in der neuen ägyptischen Hauptstadt Alexandria, die der Makedonier gegründet hatte. Alexandria stieg rasch zur reichsten und kultiviertesten Stadt der Antike auf und rühmte sich der Alexandrinischen Bibliothek, die von Ptolemaios II. Philadelphos gegründet worden war. Begierig darauf, alle Bücher zusammenzutragen, die existierten, schmeichelte sich der gebildete König bei Eleasar ein, dem Hohepriester des Tempels von Jerusalem. Er sandte ihm Geschenke und ließ 120 000 Juden frei, die von seinem Vorgänger Ptolemaios I. Soter in Ägypten versklavt worden waren. Anschließend bat er den Priester, ihm die Bibel und drei weise Männer zu überlassen, die das Werk vom Hebräischen ins Griechische übertragen sollten. Eleasar entsandte 72 Übersetzer nach Alexandrien und sie vollendeten ihre Arbeit in den 72 Tagen, die der König ihnen gewährt hatte. Die Übersetzer arbeiteten auf der Insel Pharos, fernab des Lärms der Stadt. Sie waren in getrennten Räumen untergebracht und konnten einander nicht konsultieren. Am Ende passten ihre Übersetzungen jedoch perfekt zusammen, denn man sagt, die Hand Gottes habe über ihre Arbeit gewacht.

Ptolemaios IV. Philopator bestieg 221 v. Chr. den ägyptischen Thron, nachdem er seine Mutter, seinen jüngeren Bruder und vermutlich auch seinen Vater gemeuchelt hatte. Er siegte mithilfe der einheimischen Ägypter bei Raphia über Antiochos III. Anschließend wandte er sich Jerusalem zu, wo er um jeden Preis seinen Sieg im Tempel mit einem Opfer feiern wollte. Er wurde jedoch vom empörten Protest seitens des Hohepriesters und der Öffentlichkeit empfangen. Sobald er einen Fuß in den Tempel gesetzt hatte, bekam er den heiligen Zorn zu spüren und seine Leibwache musste ihn ohnmächtig ins Freie bringen. Er schwor Rache und versuchte nach seiner Rückkehr nach Alexandria, die Juden der Stadt zu zwingen, die ägyptischen Götter anzubeten. Er drohte, sie von Kriegselefanten niedertrampeln zu lassen, sollten sie sich weigern. Die Elefanten wendeten sich jedoch gegen die ägyptischen Soldaten und zermalmten sie.

Nach dem Tod Ptolemaios' IV. Philopator im Jahr 204 v. Chr. zog Antiochos III. seinen Vorteil aus dem Machtvakuum und drang noch einmal in Palästina ein. Dieses Mal konnte er zwar das Land besetzen, wurde jedoch später von den Römern besiegt. Seleukos IV. Philopator, sein Sohn, der den neuen Eroberern Kriegsabgaben schuldete, beschloss, den Tempel zu plündern, denn man hatte ihm berichtet, dass dort ein unglaublich wertvoller Schatz aufbewahrt würde. Er entsandte seinen ersten Minister Heliodor nach Jerusalem, um den Schatz zu konfiszieren. Als dieser jedoch in der Stadt ankam, warfen sich die Priester vor dem Brandopferaltar in den Staub und die Bewohner rannten wehklagend mit erhobenen Armen durch die Straßen. Heliodor blieb ungerührt und betrat den Tempel mit seinen Soldaten. Dort erschien ein Pferd mit einem schrecklichen Reiter vor ihnen. Heliodor wurde von den Vorderhufen des Pferdes niedergestreckt, während zwei Engel ihn schlugen, bis ihm „schwarz vor den Augen" wurde. Man trug ihn auf einer Bahre aus dem Tempel und der Hohepriester musste den Herrn bitten, Heliodor zurück ins Leben zu rufen. Schließlich gab er dem Drängen der syrischen Soldaten nach, die Jerusalem umgehend verlassen wollten.

198–199 *Im Jahr 1861 malte Eugène Delacroix für die Kapelle der Heiligen Engel in der Kirche Saint-Sulpice (Paris) die* Vertreibung Heliodors. *Ein mysteriöser Reiter erscheint im Tempel und streckt den syrischen Minister nieder, der den Tempelschatz konfiszieren sollte. Der geschickte Einsatz vibrierender Farben erweckt die Szene zum Leben und verleiht dem Gemäldes einen kraftvollen Ausdruck.*

200 Antiochos IV. Epiphanes belagert Jerusalem, das in diesem Gemälde als mächtige, befestigte Stadt des Mittelalters dargestellt ist. Die Illustration stammt aus der Chronique Universelle *(um 1470), die nach ihrem Autor Jean de Courcy, Lord von Bourg-Achard in der Normandie, als* La Bouquechardière *bekannt ist.*

Die Beziehungen zur syrischen Dynastie verschlechterten sich weiter, nachdem Antiochos IV. Epiphanes seinen Bruder Seleukos IV. Philopator ermordet und seinen Platz eingenommen hatte. Der neue König reiste mit einem riesigen Heer nach Jerusalem, beraubte den Tempel all seiner Wertgegenstände, inklusive der Vorhänge, stellte eine Zeusstatue auf, opferte Schweine, verbrannte drei heilige Bücher, zerstörte einen Teil der Mauern, errichtete eine Festung, in der eine syrische Garnison untergebracht wurde, und verbot den jüdischen Glauben, der auf dem Sabbat und der Beschneidung beruhte. Ungehorsam wurde mit dem Tod bestraft. Mütter, deren Söhne beschnitten waren, trieb man durch die Stadt und warf sie anschließend mit ihren Kindern von den Mauern. Man beraubte Jerusalem sogar seines Namens. Es hieß von nun an Antioch in Judäa.

Die Unterdrückung war so stark, dass sich Reaktionen darauf nicht vermeiden ließen. In ganz Judäa schlug die Unzufriedenheit in wilden Zorn um. Den ersten Aufstand leitete ein Priester namens Mattathias ein, der in Modein lebte, nahe Jerusalem. Wie überall in den großen und kleinen Gemeinden des Landes erschien ein syrischer Soldat, der den Juden auferlegte, Götzen anzubeten. Mattathias verweigerte dies nicht nur, sondern tötete den Soldaten, als dieser ein Opfer für Zeus vorbereitete. Anschließend floh Mattathias aus dem Geschlecht der Hasmonäer mit seiner Familie in die Höhlen der umliegenden Berge. Andere Rebellen schlossen sich ihnen an und die kleine Gruppe zettelte einen regelrechten Guerillakrieg gegen die syrischen Eroberer an. Ein Jahr später, 166 v. Chr., starb Mattathias und die Gruppe ernannte seinen dritten Sohn zu seinem Nachfolger: Judas Makkabi. Die Bezeichnung Makkabi leitet sich von dem hebräischen Wort maqqaba ab und bedeutet „der Hammerartige". Die Revolte weitete sich aus und immer mehr Menschen stießen zu den Rebellen. Schließlich konnten sie die syrischen Truppen zur Schlacht herausfordern. Sie besiegten die Feinde zunächst bei Emmaus und anschließend bei Betsura. Jerusalem fiel an Judäa und die überlebenden Bewohner der Stadt beseitigten alle heidnischen Kultstätten. Ihre Feiern zu Ehren dieser Veränderungen spiegelt noch heute das alljährliche Hannuka wider. Nach dem Tod Antiochos IV. Epiphanes begünstigte der Streit um seine Nachfolge die jüdischen Rebellen. Das Seleukidenreich zerbrach unter dem Druck aus Ägypten und Rom. Die fünf Söhne Mattathias' führten ihr Volk in die Unabhängigkeit und unter den Makkabäern gewann Judäa an Größe, bis das Territorium schließlich beinahe so groß war wie zu Salomos Zeiten.

201 Die Illustration stammt aus dem Werk Histoire de l'Ordre de la Toison d'Or *von Kardinal Guillaume Fillastre, einem Humanisten und Anhänger der Gegenpäpste Benedikt XIII. und Johannes XXIII. Im Vordergrund ist der Tod Mattathias' dargestellt; im Hintergrund erkennt man Judas Makkabi, der gegen Apollonius kämpft, Oberaufseher der Tribute, den Antiochos in das Land Judäa entsandt hatte. Außerdem ist Judas zu erkennen, der bei Bethoron gegen Seron kämpft, den Befehlshaber der syrischen Streitkräfte.*

DAS NEUE TESTAMENT

HERODES DER GROSSE UND DIE GEBURT DES MESSIAS

202–203 Die Madonna del Roseto *ist ein frühes Werk (1468) Botticellis und zeigt Maria, das Kind und den heiligen Johannes. Der Einfluss des florentinischen Meisters Fra Filippo Lippi (um 1406–1469) ist klar zu erkennen.*

***204** In der Darstellung der Verkündigung Mariä von Fra Filippo Lippi, Palazzo Barberini, Rom, ist die Jungfrau so dargestellt, als ob sie bereits darauf gewartet hätte, das erste Ave Maria von dem Engel zu hören.*

***205** In dieser Illustration des Epiphanias repräsentieren die drei Weisen aus dem Morgenland die drei Zeitalter der Menschheit. Die Darstellung (um 1440) stammt aus dem Stundenbuch von Sir Walter Raleigh.*

Die Entweihung des Tempels

Der römische General Pompeius war Schwiegersohn und später Rivale von Julius Caesar. 63 v. Chr. hielt sich Pompeius mit seinen Legionen in Damaskus auf, nachdem er Pontos, Armenien und Syrien erobert hatte. In Judäa herrschte Bürgerkrieg zwischen den Nachkommen der Makkabäer. Hyrkanos und Aristobulos, die Söhne der verstorbenen Königin Salome Alexandra, stritten um den Thron. Beide baten die Römer um Unterstützung, die inzwischen den gesamten östlichen Mittelmeerraum dominierten. Pompeius fungierte als Schiedsrichter und entschied sich für Hyrkanos. Aristobulos war nicht bereit, diese Entscheidung zu akzeptieren, und verbarrikadierte sich mit seinem Heer in Jerusalem. Es war Pompeius' Pflicht, für Ruhe und Ordnung im Osten zu sorgen, deshalb musste er die Stadt belagern. Aristobulos sah sich bald gezwungen, aufzugeben. Viele seiner Anhänger weigerten sich jedoch, eine Niederlage hinzunehmen, flüchteten in den festungsähnlichen Tempel und leisteten drei Monate Widerstand. Die Römer mussten einen tiefen Graben auffüllen, damit sie ihre Kriegsmaschinen nahe an die Stadtmauern bringen konnten. Die mühselige Arbeit wurde noch dadurch erschwert, dass die Verteidiger der Stadt die Soldaten von den Mauern aus angriffen. Ironischerweise führte der jüdische Glaube zum Fall der Stadt, denn Pompeius hatte bemerkt, dass die Juden am Sabbat nicht kämpften, außer wenn sie um ihr Leben fürchten mussten. Deshalb ließ er den Graben nur an diesem Tag auffüllen. Nachdem die Römer ihre Kriegsmaschinen nahe genug an die Mauern gebracht hatten, fielen die Soldaten in der Stadt und im Tempelbezirk ein. Die Priester unterbrachen ihre Riten und Opferungen nicht, selbst als sie dabei niedergemetzelt wurden. Die Römer töteten jeden, der ihnen in die Quere kam. Am grausamsten waren die Anhänger Hyrkanos'. 12 000 Menschen mussten ihr Leben lassen. Viele gingen freiwillig in den Tod, indem sie sich von den Stadtmauern stürzten. Pompeius plünderte den Tempel zwar nicht, doch er wagte es, das Heiligtum zu betreten, was bereits eine Entweihung war. Am darauf folgenden Tag ordnete er die Reinigung des Tempels an und ernannte Hyrkanos zum Hohepriester und Ethnarchen über Judäa. Nachdem Pompeius 10 000 Talente in Empfang genommen hatte, verließ er Jerusalem. Rom machte Judäa zu einem Teil der römischen Provinz Syrien und den willensschwachen Hyrkanos zu seiner Marionette. Gemeinsam mit Caesar und Pompeius bildete Crassus 60 v. Chr. das 1. Triumvirat, das die Kontrolle über das Römische Reich übernahm. Crassus wurde Statthalter von Syrien und gab Befehl den Tempelschatz zu plündern. Im Sommer 53 v. Chr. fiel er jedoch bei Karrhae während eines groß angelegten Feldzuges gegen die Parther. Als die Nachricht von seinem Tod in Judäa eintraf, entfachten die Anhänger Aristobulos' einen neuen Aufstand in der Absicht, das Land befreien zu können. Ihre Hoffnung wurde jedoch zerschlagen und 30 000 aufständische Juden wurden in die Sklaverei verkauft. 43 v. Chr. rückten die Parther in Judäa ein und setzten ihren eigenen Favoriten auf den Thron: Antigonos II., den letzten Makkabäer. Im gleichen Jahr bildeten Antonius, Lepidus und Oktavian (der spätere Augustus) das 2. Triumvirat. Die Krone Judäas übertrug man Herodes, Sohn des Antipater, der zu den größten Anhängern der römischen Macht in der Region gehörte.

207 *Im Jahr 63 v. Chr. entweihten Pompeius und seine Soldaten den Tempel Salomos in Jerusalem und massakrierten die Priester und Verteidiger des Heiligtums. Die Episode markierte den Beginn einer blutigen Krisenzeit, in die 60 Jahre später der Messias geboren werden sollte. Ein grausames Rot dominiert die Darstellung, die Jean Fouquet für die Übersetzung des Werkes* Antiquitates Judaicae *von Josephus Flavius schuf.*

Herodes, der von den Historikern den Beinamen „der Große" erhielt, herrschte wie ein kleiner jüdischer Augustus. Er war mit Mariamne verheiratet, Tochter der makkabäischen Königin Salome Alexandra. Somit bestand eine Verwandtschaft zur herrschenden Dynastie, die Antigonos II. verkörperte. Mit Unterstützung Roms stürzte Herodes Antigonos II., der von den Römern in Antiochia hingerichtet wurde. 37 v. Chr. ließ Herodes alle Juden ermorden, die volljährig waren und seinen Rivalen unterstützt hatten. Josephus Flavius beschreibt Herodes als „Krieger, den niemand besiegen konnte" und eine Art jüdischen Mars. Er war ein großartiger Reiter, Jäger, Bogenschütze und Speerwerfer, der sein Ziel niemals verfehlte. Darüber hinaus war er ein kluger Herrscher. Während des Machtkampfes zwischen Antonius und Kleopatra auf der einen Seite und Oktavian auf der anderen, stellte sich Herodes stets mit dem jeweiligen Gewinner gut. Er überwand nicht nur jede Krise, sondern ging daraus mit einem größeren Territorium und gestärkter Macht hervor. Augustus respektierte Herodes' Intelligenz und überließ ihm mehrere palästinische Städte, die man einst dem Königreich Judäa entrissen hatte. Er dachte auch darüber nach, Herodes im Namen des Römischen Reiches zum Statthalter über Syrien und Ägypten zu ernennen. Der mutige, listige, gebildete und prächtige Herodes liebte die Macht ebenso wie die Schönheit. Es gab jedoch einen Punkt, der ihn verwundbar machte. Er war krankhaft misstrauisch. Bis zu einem gewissen Grad war sein Misstrauen verständlich in einer Zeit heimtückischer Morde und für eine Person, die ihr ganzes Leben von Feindseligkeit und verborgenen Feinden umgeben war. Das Misstrauen machte Herodes zum Opfer von Intrigen und verleitete ihn dazu, Entscheidungen zu treffen, die er später bitter bereute. Mariamne, eine von Herodes zehn Gemahlinnen war eine keusche, aber schroffe Person. Sie behandelte ihren Gatten herrisch, denn sie wusste, dass er sie bis zur Selbstaufgabe liebte. Mariamne war stolz auf ihr makkabäisches Blut und hielt Herodes für einen niederen Emporkömmling. Seine Mutter und seine Schwester Salome strafte sie mit Geringschätzung. Herodes versuchte, sich bei Mariamne einzuschmeicheln, und ernannte ihren 17-jährigen Bruder Aristobulos III. zum Hohepriester. Der junge Mann königlicher Abstammung war bei den Juden so beliebt, dass der König fürchtete, er könne sich gegen ihn erheben und die gefallene Dynastie wieder einsetzen. Deshalb ließ Herodes den Hohepriester während der Wasserspiele ertränken, die in Jericho abgehalten wurden. Der Vorfall wurde als Unfall hingestellt, doch weder Mariamne noch ihre Mutter ließen sich täuschen und schworen furchtbare Rache. In der Zwischenzeit wuchs Salomes Hass auf die stolze Königin. Sie hatte bereits versucht, Mariamne zu schaden, indem sie Herodes erzählte, sein Weib unterhalte eine Beziehung zu ihrem eigenen Gatten Joseph. Herodes reagierte auf diese Nachricht damit, dass er Joseph töten ließ, während er seine geliebte Frau verschonte. Einige Jahre später griff Salome erneut zu einer List. Sie bestach den königlichen Mundschenk und überredete ihn, Herodes mitzuteilen, Mariamne habe ihn gebeten, einen Liebestrank in seinen Becher zu mischen, der vermutlich Gift enthielt. Der König ordnete eine Untersuchung an, die jedoch kein Ergebnis brachte. Nun aber hatte sich Misstrauen im Herzen Herodes' festgesetzt. Die Königin wurde vor Gericht gestellt, verurteilt und hingerichtet. Unmittelbar nach der Hinrichtung plagten Herodes Gewissensbisse und er fragte sich, ob er nicht eine Unschuldige getötet habe. Verzweifelt rief er Mariamnes Namen und schickte seine Diener, sie zu erwarten. Eines Tages begab sich Herodes in die Einsamkeit der Wüste und man musste den Fieberkranken gewaltsam zurückbringen. Als er wieder bei Sinnen war, vermutete er neue Verschwörungen, die zum Teil tatsächlich geplant waren. Mariamnes Mutter beispielsweise wollte Herodes meucheln lassen. Als der König von der Verschwörung erfuhr, ließ er die Schuldigen zum Tode verurteilen. Schließlich flüsterte Antipater, Sohn der ersten Frau Herodes', dem König, dass Alexander und Aristobulos, die beiden Söhne von Mariamne, planten, ihn zu ermorden. Nach einem Schauprozess ließ der König auch diese beiden hinrichten. Dann war Antipater selbst an der Reihe. Nikolaos von Damaskus, der griechische Berater des Königs, beschuldigte den jungen Mann, sich des Thrones seines Vaters bemächtigen zu wollen. Daraufhin ließ Herodes seinen Sohn ins Gefängnis werfen. Betrübt, enttäuscht und wegen all der Familientragödien vorzeitig gealtert, wurde Herodes schwer krank. Er litt an Geschwüren, Fieber, Krämpfen und Wassersucht. Die körperlichen und psychischen Schmerzen wurden ihm unerträglich und er beschloss, seinem Leben mit einem Dolch ein Ende zu bereiten. Der Selbstmord konnte verhindert werden, was sich jedoch als Fehler herausstellen sollte, denn damit blieb Herodes genug Zeit, um eine weitere Tragödie heraufzubeschwören. Als er erfuhr, dass Antipater versucht hatte, aus dem Gefängnis zu fliehen, gab er Befehl, seinen Sohn zu enthaupten. Fünf Jahre

später starb Herodes selbst. Salome, des Königs Schwester, und ihr neuer Gemahl Alexas weigerten sich, Herodes letzten Befehl auszuführen, der lautete, alle volljährigen Männer um Jericho zu töten, sobald der König verstorben war. Er wollte damit erreichen, dass das ganze Land nach seinem Tod in Trauer fiel. Vielleicht ist diese Geschichte aber auch nur eine Diffamierung, die die vielen Feinde des Königs inszenierten. Sie behaupteten auch, er habe den Thron wie ein Fuchs gestohlen, ihn wie ein Tiger festgehalten und er sei wie ein Hund gestorben. Doch die Herrschaft Herodes' war nicht nur eine Zeit des Blutvergießens. Der König stellte die Ordnung in einem Land wieder her, das jahrelang in Aufruhr war. Er reinigte das Land ruhelos von den Räubern, die es heimsuchten, er befreite die Armen von den Steuern, er überzeugte Rom davon, den Tribut zu senken, und er förderte den Handel. Schließlich wandte Herodes seine Aufmerksamkeit dem Tempel zu, der seit seiner Erbauung durch Serubbabel 500 Jahre zuvor bescheiden geblieben war. Herodes stand eine Fläche von ca. 200 m^2 am Fuße des Berges Moria zur Verfügung. Um diesen Bereich ließ er eine riesige Säulenhalle errichten, deren Decke aus geschnitztem Zedernholz gefertigt war. Korinthische Säulen aus Marmor stützen das Gewölbe. Sie waren so dick, dass drei Mann sie kaum umfassen konnten. Die Halle bildete den Haupthof, in dem Geldwechsler ihre Stände hatten, Verkäufer Opfertiere feilboten, Studenten und Lehrer Recht und Hebräisch studierten und Bettler Almosen von den Gläubigen erflehten. Eine Treppenflucht führte auf eine zweite Ebene, die nur Juden betreten durften. Anschließend führte eine Rampe in den Hof der Priester, in dem der Opferaltar stand. Die Tore, die sich in diesen Be-

Herodes war ebenso wie sein Bewunderer und Protektor Antonius ein großer Baumeister. Er gründete die Stadt Caesarea Palaestinae und errichtete einen Hafen, der Piräus ebenbürtig war. Dies war der erste auf offener See eingerichtete Hafen. Zwei gigantische Wellenbrecher schützten den großen Hafen und ein prächtiger Palast mit Blick auf das Meer rundete das Bild ab. Außerdem ließ Herodes einen riesigen Palast in Jerusalem errichten, der sich an der griechisch-römischen Architektur orientierte. Er ließ Statuen darin aufstellen, ihn mit Marmor, Gold, Mosaiken und Gemälden verzieren und mit Gärten umgeben. Zum Erstaunen und Missfallen der alten Juden ließ Herodes ein Theater und ein Amphitheater in der Heiligen Stadt einrichten, in denen musikalische und athletische Wettkämpfe nach Art der Griechen und Gladiatorenspiele nach Art der Römer abgehalten wurden. Straßen und Plätze der Stadt zierten unbekleidete Statuen.

reichen befanden, waren mit Gold und Silber verziert und die gigantischen Türen des Tempels (etwa 20 m hoch und 7 m breit) waren aus Bronze gefertigt. Im Innern hing ein bestickter blauer, purpurner und scharlachroter Vorhang von den weißen Marmorwänden. Davor standen der siebenarmige Kandelaber, der Weihrauchaltar und ein Tablett, auf dem die Priester Gott ungesäuertes Brot opferten. Hinter dem Vorhang befand sich das Allerheiligste, in dem im ersten Tempel die Bundeslade aufbewahrt worden war, das jetzt jedoch leer war. Nur der Hohepriester durfte einmal im Jahr, am Tag der Buße, das Allerheiligste betreten. Es dauerte acht Jahre, bis das Bauwerk vollendet war. Als die Menschen jedoch die unglaubliche Konstruktion erblickten, beschuldigten sie Herodes, den Schatz gestohlen zu haben, der gemäß der Legende in Davids Grab verborgen war. Weitere acht Jahre waren nötig, um den Dekor zu vervollständigen. Gegen Ende

209 *Der Rauch der Opferungen steigt aus dem Tempel König Herodes' auf. Die faszinierende Rekonstruktion stammt aus dem Monumentalwerk* Das Leben Christi, *das James Tissot zwischen 1886 und 1894 illustrierte.*

210–211 Die delikate, humanistische Interpretation der Worte der Evangelisten zeigt die Jungfrau Maria, die in einem Renaissancegarten sitzt und den himmlischen Boten empfängt. Die Verkündigung *ist ein frühes Werk Leonardo da Vincis.*

210 unten Seit dem 1. Jahrhundert wird die Jungfrau Maria in der Verkündigungskirche in Nazareth verehrt.

212–213 Maria betrachtet das Kind. Das Detail gehört zu den Fresken (14. Jahrhundert) in der Kirche San Francesco in Assisi, die zum Teil Simone Martini zugeschrieben werden.

der Regierungszeit Herodes', in einem Jahr über das Experten noch immer diskutieren (vermutlich 7 v. Chr.) kam ein Bote Gottes nach Nazareth in Galiläa: der Erzengel Gabriel. Er suchte eine junge Frau namens Maria, Tochter des Joachim und der Anna, die der Linie Davids entstammten. Der Engel fand Maria gemäß dem apokryphen Evangelium des Jakobus (Protoevangelium) beim Wasserschöpfen an einer Quelle, die noch heute existiert. Sie befindet sich im äußersten Norden von Nazareth und wurde nach Maria benannt: Ain sitti Myriam. Gabriel begrüßte die Jungfrau mit den Worten: „Gegrüßet seist du, Maria, voll der Gnade." Das Lukasevangelium verlegt das Zusammentreffen zwischen dem Erzengel Gabriel und Maria in das Haus der jungen Frau. Die ärmliche, aus zwei Räumen bestehende Hütte schmiegte sich an einen Hügel. An der Rückseite der Behausung befand sich eine Höhle im Fels. Heute ist sie Teil einer Kirche, die Franziskaner 1730 über den Ruinen einer byzantinischen Basilika erbauten, die Sultan Bibar zerstören ließ, nachdem das Kreuzfahrerkönigreich Jerusalem in die Hände der Muslime gefallen war. Zu jener Zeit war es Christen verboten, heilige Stätten aufzusuchen. Ein Engelsheer hat jedoch gemäß der Legende das Haus der Jungfrau emporgehoben und nach Tersatto in Dalmatien gebracht. Später soll es das Haus nach Loreto in Italien gebracht und in einem Lorbeerhain aufgestellt haben. Die Höhle in Nazareth birgt ein Grab, das man im Mittelalter für die letzte Ruhestätte des heiligen Joseph hielt. Bestattungen innerhalb des Hauses standen zwar in Widerspruch zum hebräischen Brauchtum, es gibt jedoch keine andere Überlieferung hinsichtlich der Grabstätte von Marias Ehemann.

214–215 Himmlische Heerscharen betrachten den neugeborenen Christus in den Fresken der Unterkirche des heiligen Franziskus in Assisi. Die Natürlichkeit der Gesichter ist ebenso außergewöhnlich wie die Darstellung der den Menschensohn liebenden Maria.

215 Die Geburtsszene stammt aus den Très Belles Heures de Bruxelles, die Jean I. (1340–1416), Herzog von Berry, in Auftrag gegeben hat. Der illustre Herr war eher Mäzen als Politiker und gab eine herrliche Kollektion illuminierter Handschriften in Auftrag, von denen etwa 100 die Jahrhunderte überdauert haben.

Gemäß den Verfassern eines Apokryphs soll Joseph, als er von der Schwangerschaft seiner Verlobten erfuhr, am ganzen Leib gezittert, sich ins Gesicht geschlagen, am Boden gewälzt und bitterlich geweint haben. In einer arabischen Legende heißt es sogar, dass er Maria umbringen wollte. Ein Engel beruhigte Joseph, er akzeptierte die Vereinbarungen, die für die Hochzeit getroffen waren, und auch das Gotteskind. Kurz nach der Hochzeit begab sich das Paar nach Bethlehem, das südlich von Jerusalem liegt. Die römischen Herren hatten eine Volkszählung angeordnet und Joseph musste sich in der Heimatstadt seiner Familie registrieren lassen, die zugleich der Geburtsort Davids war. Die Reise war für die schwangere Frau beschwerlich. Als sie ihr Ziel erreichten, mussten sie mit einem Stall vorlieb nehmen, denn sie fanden keine andere Unterkunft. In dieser Nacht wurden die Hirten auf dem Feld von Engelsgesang geweckt und die Engel ermutigten sie, den Stall aufzusuchen, in dem Joseph und Maria untergekommen waren. Im Licht des Vollmondes (schreibt ein apokrypher Autor) huldigten die Hirten dem neugeborenen Kind, das der Atem eines Ochsen und eines Esels warm hielt. Es war eine sternklare und milde Frühlingsnacht. Bis in das 4. Jahrhundert feierten die Christen die Geburt Jesu am 28. März, am 18. April oder am 29. Mai. Im Osten beging man das Fest am 6. Januar und nannte es Epiphanias, Fest der Erscheinung des Herrn. Im Westen fiel die Geburt Jesu mit einem heidnischen Fest zusammen, dem Geburtstag des Sol Invictus, des Sonnengottes. Im 3. Jahrhundert verbreitete sich der Kult dieses Gottes im ganzen Römischen Reich und sein Geburtstag wurde alljährlich am 25. Dezember mit der Wintersonnenwende gefeiert.

216–217 *In der Devotion, die die Gesichter Mariä und Josephs zeigen, ist die Hand Botticellis klar zu erkennen. Der Ausschnitt ist Teil einer Darstellung der Geburt Christi, die aus der Schule des Meisters stammt. Jesus wurde vermutlich im Jahr 7 geboren.*

Der Ort der Geburt Christi in Bethlehem wurde zu einer Stätte der Verehrung und der Wallfahrt. Helena, die Mutter des römischen Kaisers Konstantin, ließ dort eine prächtige Basilika erbauen, die ihr Sohn „in wahrhaft königlichem Stil“ schmücken ließ. Im Lauf der Jahrhunderte hat das Gebäude viele Veränderungen und Restaurationen erlebt, bis es sein heutiges Aussehen erhielt. Ein Altar, der den Heiligen Drei Königen gewidmet ist, steht vor dem Stall, in dem Maria ihren Sohn gebar. Heute kennzeichnet die Stelle eine Aushöhlung im Fels, verkleidet mit weißem Marmor. Die drei Könige waren Weise aus dem Morgenland. Sie hatten sich auf den Weg gemacht, um dem Ereignis beizuwohnen, das ihre astronomischen Berechnungen prophezeit hatten. Der Stern von Bethlehem wies ihnen den Weg. Als sie in Jerusalem eintrafen, traten sie vor den gebrechlichen Herodes, um ihm ihre Glückwünsche zu übermitteln. Sie berichteten ihm, sie hätten diese Reise unternommen, um dem König der Juden zu huldigen, der zu dieser Zeit geboren werden solle.

220 Seit der Zeit Helenas ist die kleine mit Lampen und Brokat geschmückte Krypta der Geburtskirche ein Ort der Verehrung. Ganz rechts befindet sich die

220–221 „Hic de Virgine Maria Jesus Christus Natus est" lautet die lakonische Inschrift auf dem silbernen Stern in der kleinsten Nische der Höhle von Bethlehem. Der Stern repräsentiert jenen, dem die drei Weisen aus dem Morgenland gefolgt sind.

226 und 227 In den Apokryphen ist die Kindheit Jesu außergewöhnlich fantasievoll dargestellt. Die beiden Miniaturen aus einem Psalter (13. Jahrhundert) in Cambridge, England, zeigen den Messias, der bizarre Wunder vollbringt. Er verwandelt zum Beispiel seine Spielkameraden in Schweine oder reitet auf einem Sonnenstrahl.

Wegen der Unruhen zog Joseph es vor, nach Nazareth, nicht nach Bethlehem zurückzukehren, wo er auch seinen Beruf als Zimmermann ausüben konnte. In byzantinischer Zeit wurde an der Stelle, an der sich seine Werkstatt befand, die St.-Josephs-Kirche erbaut, auch als „Kirche der Ernährung und der Werkstatt Josephs" bekannt. Sie wurde in der Kreuzfahrerzeit erneuert. Im Lukasevangelium heißt es: „Aber das Kind wuchs und ward stark im Geist, voller Weisheit …" Jesus hatte vier Brüder, Jakob, Joseph, Judas und Simon, sowie zwei Schwestern, Melcha und Escha. Die Evangelien erwähnen einige davon, die Apokryphen die anderen. Letztere berichten, der zukünftige Messias habe in seiner frühen Kindheit außergewöhnliche, aber negative Wunder vollbracht. Er soll beispielsweise Kinder, die ihm Streiche spielten, getötet und anschließend wieder zum Leben erweckt haben, er soll die Eltern geblendet haben, die sich auflehnten, er soll den Dorflehrer verflucht haben, der ihm das Alphabet beibringen wollte, und er soll den armen Joseph schändlich behandelt haben, indem er ihm vorwarf, nicht sein leiblicher Vater zu sein. Verschiedene lokale Überlieferungen berichten über dieses göttliche, aber entsetzliche Kind. In Erzählungen aus dem 1. Jahrhundert heißt es zum Beispiel, dass Jesus an der Seite seines Vaters gearbeitet habe. Lukas berichtet,

228–229 Duccio zeigt in seiner Maestà den 12-jährigen Jesus, der im Tempel von Jerusalem mit den Rabbis diskutiert. Gemäß Lukas ereignete sich die Episode nachdem der Knabe an der Zeremonie „bar mitzvah" teilgenommen hatte, die noch heute in der jüdischen Tradition den Beginn des Erwachsenseins und die volle Übernahme religiöser und bürgerlicher Verpflichtungen markiert. Das Gemälde befindet sich im Museo dell'Opera Metropolitana in Siena.

dass Jesus im Alter von zwölf Jahren an Ostern in den Tempel von Jerusalem gebracht wurde. Dies war eine Art Reifeerklärung, denn sobald ein jüdischer Mann erwachsen wurde, musste er religiöse und bürgerliche Pflichten erfüllen und sich den Vorschriften des Gesetzes beugen. Nachdem der Ritus vollzogen war, begab sich die Familie zurück nach Nazareth. Die Straßen waren jedoch derart überfüllt, dass Maria und Joseph bis zur ersten Rast nicht bemerkten, dass Jesus nicht bei ihnen war. Sie dachten, er wäre am Ende der Prozession bei Freunden und Familienangehörigen, doch auch dort war er nicht zu finden. In größter Sorge kehrten sie

nach Jerusalem zurück und suchten verzweifelt zwei Tage und Nächte nach ihrem Sohn. Als sie am dritten Tag in den Tempel kamen, sahen sie Jesus inmitten der Rabbis sitzen. Er stellte ihnen Fragen und dachte über ihre Antworten nach. Als seine Mutter ihn schimpfte, fragte er: „Warum habt ihr mich gesucht? Wusstet ihr nicht, dass ich in dem sein muss, was meinem Vater gehört?“ Joseph und Maria verstanden seine Worte nicht, doch dies war die erste Offenbarung der göttlichen Berufung ihres Sohnes.

229 *In Taddeo Gaddis (Schüler von Giotto) Version der Episode im Tempel wirkt die Darstellung kraftvoller, als ob die Empfindsamkeit der Charaktere eingefangen werden sollte. Die Verwunderung Mariä und Josephs, von der Lukas spricht, ist nicht zu erkennen. Die Superiorität des Messias (der stark im Geist und voller Weisheit war, wie der Evangelist berichtet) zeichnet sich bereits ab.*

EZECHIEL
FLVMEN FOBAR
GREGORIVS
ECCE VIRGO CONCIPIET 7 PARIET FILIVM 7 VOCABIT NOMEN EIVS EMANVL. YSA.VI.C
CIRCVCIDIMINI DOMINO VIRI IVDA 7 AVFERTE PPVTIA CORDIVM VESTRVM. IER. IIII. C.
ECCE CONCIPIES INVTERO 7 PARIES FILIVM 7 VOCABIS NOMEN EP IHESVM. LVCE. I. C.
REGES TARSIS 7 INSVLE MVNERA OFFERET REGES ARABV 7 SABBA DONA ADVCET. PS. LXXI. C
POSTQVA CONSVMATI SVNT DIE OCTO VT CIRCVCIDERET PVER VOCATV E NOM EI IHES. LVCE. II. C.
ET APERTIS THESAVRIS SVIS OBTVLERVT EI AVRVM THVS 7 MIRRAM. MACTEI. I. C.
ELONGAVI FVGIENS 7 MANSI INSOLITVDINE. PS. XXXXXV. C
INIQVE EGERVT INFILIOS IVDA EFVDERVT SANGVINE INOCENTE INTERRA SVA. IOLL. IIII. C
SVRGE ACCIPE PVERVM 7 MATREM EP 7 FVGE INEGIPTVM. MACTEI. II. C.
IRATVS ERODES OCCIDIT OMNES PVEROS QVI ERAT INBETHELEHEM. MACTEI. II. C

230–231 Eine Arbeit von Fra Giovanni da Fiesole (besser bekannt als Fra Angelico) sind die neun Paneele der Silbertruhe, die ursprünglich für die Votivgaben der Gläubigen in der Kirche Santissima Annunziata, Florenz, gefertigt wurde. Der Meister schuf die Paneele 1452, drei Jahre vor seinem Tod. Die Episoden sind mit Temperafarbe auf Holz gemalt und zeigen biblische Prophezeiungen, die mit den Ereignisse in den Evangelien korrespondieren. Die Darstellungen reichen vom mystischen Rad der Propheten, Evangelisten und Apostel bis zum Disput mit den Rabbis.

DAS PALÄSTINA JESU

232 Das letzte Abendmahl, das Fra Angelico 1452 auf der Silbertruhe verewigte, folgt der Empfindsamkeit des heiligen Johannes. Die biblische Quelle zu diesem Paneel ist die Prophezeiung im Ezechiel-Buch 39, 17: *„... sammelt euch von allen Seiten zu meinem Schlachtopfer, das ich für euch schlachte, einem großen Schlachtopfer auf den Bergen Israels, und fresset Fleisch und trinket Blut!"*

233 Unter höchsten Qualen hat sich der Wille Gottes erfüllt. Knapp 70 Jahre liegen zwischen dem Spätwerk Fra Angelicos und dieser beunruhigenden Kreuzabnahme, *die Rosso Fiorentino 1521 schuf. Das Werk repräsentiert schonungslos die Qualen und die Verzweiflung des Menschen und verblüfft durch die Darstellung Christi, dessen Lippen zu einem beinahe ironischen Lächeln geformt sind.*

234 Die Luftaufnahme zeigt die Biegungen des Jordan in der fruchtbaren Ebene, die sich vom Südufer des Sees Genezareth (oben links) ausbreitet. In dieser Region hielt Jesus seine ersten Predigten und wählte die ersten Apostel aus.

234–235 In Zusammenarbeit mit seinem Schüler Lorenzo di Credi schuf Andrea del Verrocchio die beinahe ätherisch anmutende Taufe Christi *(1469–1480). Verrocchio ist eher für seine Skulpturen als für seine Malerei bekannt.*

Die Bibel berichtet nichts über die Jugend Jesu. Seine Lebensgeschichte wird mit dem Treffen zwischen ihm und Johannes dem Täufer fortgeführt, zu dem es gemäß dem heiligen Lukas im 15. Regierungsjahr des Kaisers Tiberius kam, also im Jahr 28 oder 29. Wie die Propheten vor ihm trug auch Johannes einen Lendenschurz aus Kamelhaut und er ernährte sich von wildem Honig und von Heuschrecken. Er lebte in der Wüste und predigte an den Ufern des Jordan. Dort zelebrierte er eine seltsame Reinigungszeremonie. Er befreite jene, die zu ihm kamen, von ihren Sünden, dann stiegen sie in den Fluss und er reinigte sie mit einer symbolischen Geste von ihren Sünden. Er verurteilte die Verderbtheit und die Gottlosigkeit seiner Zeit und verkündete, das Reich Gottes und das Jüngste Gericht seien nahe. Auch Jesus kam zu Johannes und wurde gemeinsam mit anderen getauft. Während der Zeremonie tat sich jedoch der Himmel auf und eine Stimme sprach: „Du bist mein geliebter Sohn, an dir habe ich Gefallen gefunden." Gemäß der Überlieferung fand die Taufe Jesu in Beth-Hogla am linken Jordanufer statt. In den ersten Jahrhunderten nach Christi Geburt kamen Pilger am Abend vor Epiphanias hierher, um am Morgen in den Fluss zu steigen. 1172 erblickte ein Reisender namens Theodorich 60 000 Menschen mit lodernden Fackeln, die auf den Sonnenaufgang warteten, damit sie in das Wasser steigen konnten. Die gleiche Zeremonie praktizierten orthodoxe russische und griechische Christen noch im 20. Jahrhundert.

ECCE

236–237 In der ersten Hälfte des 17. Jahrhunderts
malte Guercino Salome, die widerstrebend Herodes'
makabre Belohnung in Empfang nimmt. Herodes
fürchtete zwar den wachsenden Einfluss, den Johannes

Zur Zeit Johannes des Täufers herrschte Herodes Antipas, Sohn Herodes des Großen, über Galiläa. Zu Ehren seines Protektors, des römischen Kaisers Tiberius, hatte er am Ufer des Sees Genezareth die Stadt Tiberias gegründet. Er ernannte die Stadt zu seiner Hauptstadt und füllte sie mit Ausländern, Bettlern und Opportunisten. Als man die Fundamente für die ersten Gebäude aushob, entdeckte man einen antiken Friedhof. Die gläubigen Juden weigerten sich daraufhin, sich an diesem unreinen Ort niederzulassen. Der Tetrarch hatte Herodias geheiratet, seine Nichte, die er leidenschaftlich liebte. Die Juden betrachteten diese Verbindung als inzestuös und sie erregte den Anstoß der Strenggläubigen. Vor allem Johannes der Täufer kritisierte Herodes Antipas und Herodias heftig. Der Herrscher ließ Johannes in Machärus einsperren, einer Burganlage über dem Ostufer des Toten Meeres. Sein Vater hatte die Anlage erweitern lassen, die Alexander Jannai befestigt hatte. Noch heute sind die Ruinen der Festung zu erkennen. Herodias genügte jedoch die Gefangenschaft Johannes' nicht. Sie wollte den Tod des Mannes, der sie eine Hure genannt hatte. Schönheit und Anmut ihrer Tochter Salome aus erster Ehe sollten den Erfolg ihres Vorhabens garantieren. Die bezaubernde Salome betörte ihren Stiefvater Herodes Antipas mit ihrem Tanz so sehr, dass er versprach, ihr jeden Wunsch zu erfüllen. Angestiftet von der Mutter forderte Salome den Kopf Johannes des Täufers. Der Tetrarch fühlte sich an sein Versprechen gebunden und gewährte ihr widerwillig diesen Wunsch. Johannes wurde in Machärus enthauptet. Man brachte seinen Kopf nach Tiberias und präsentierte ihn der triumphierenden Herodias auf einem silbernen Tablett.

238–239 Der Berg der Versuchung erhebt sich in der judäischen Wüste, nördlich des Toten Meeres. Auf seinem Gipfel versprach der Teufel Jesus alle Reiche der Welt. Matthäus berichtet, dass der Satan nach dieser dritten Versuchung von Gottes Sohn abließ.

239 oben *Die Illustration im Brevier von Isabella der Katholischen (flämisch, spätes 15. Jahrhundert) zeigt die Versuchungen Christi: Der Teufel fordert Jesus auf, den Fels in Brot zu verwandeln (im Vordergrund); er verspricht Jesus alle Reiche der Welt (oben rechts); er drängt Jesus, sich vom Tempel herabzustürzen (links).*

239 unten *Satan in Erscheinung eines grotesken, deformierten Dämons, Miniatur aus dem Leben Christi, 15. Jahrhundert. In Matthäus 4, 2–3 wird beschrieben, dass sich der listige Versucher Christus näherte, nachdem dieser 40 Tage gefastet hatte und Hunger litt.*

In der Zwischenzeit hatte sich Jesus „erfüllt vom Heiligen Geist", wie der heilige Lukas berichtet, zum Fasten und Meditieren 40 Tage und Nächte in die trockene, bergige Region zurückgezogen, die zwischen Jerusalem und dem Toten Meer liegt. Hier versuchte der Teufel Jesus dreimal. Beim dritten Mal führte er Jesus auf einen hohen Berg und zeigte ihm „alle Reiche der Welt", die er ihm versprach, wenn er nur ihn, den Teufel, anbeten würde. Heute identifiziert man den Ort mit einem Gipfel, der Jericho überblickt, dem Gebel Qaruntul („Berg der vierzig Tage"). Man hat eine der vielen Höhlen in den Bergen in eine Kapelle umgewandelt, da man annahm, Jesus habe sich darin zu jener Zeit aufgehalten. Als Palästina im 12. Jahrhundert von den Kreuzfahrern erobert wurde, ließ sich dort ein religiöser Orden nieder und man verzierte die Höhle mit Fresken, die die Versuchung zeigten. Spuren dieser Gemälde sind noch heute zu erkennen. Nach seinem Aufenthalt in der Wüste, kehrte Jesus nach Galiläa zurück und begann mit seinen Predigten. Er wurde überall respektiert, nur in seiner Stadt Nazareth traf er auf Feindseligkeiten. Die Bewohner der Stadt kannten ihn und konnten nicht glauben, dass der Sohn eines Zimmermanns der Bote Gottes sein sollte, wie er verkündete. Die Entrüstung seiner Landsleute war so groß, dass sie ihn auf den Vorsprung des Berges führten, auf dem ihre Stadt gebaut war, um ihn kopfüber hinabzustürzen. „Er aber schritt mitten durch sie hindurch und ging seines Weges", beinahe als wäre er unsichtbar. Der Gebel el Qafseh („Berg des Abgrundes") ist einer der beiden Gipfel, die südlich von Nazareth liegen und durch eine tiefe, enge Schlucht voneinander getrennt sind. Zwei riesige Felsblöcke formen einen Wall, der in die Schlucht abfällt, in der die Ruinen eines Klosters stehen, das im 11. Jahrhundert erbaut und nach der Eroberung Palästinas durch die Muslime aufgegeben wurde.

Jesus verließ das feindliche Nazareth und wandte sich in Richtung des Sees Genezareth. Hier füllte er die Netze der Fischer von Kapernaum, die vergeblich einen ganzen Tag lang auf einen Fang gewartet hatten. Diese Fischer wurden seine ersten Jünger: Simon, genannt Petrus, Andreas, Jakobus und Johannes. Jesus verweilte im Hause Petrus' und heilte die Kranken und Besessenen. Die Menschen aus den umliegenden Dörfern versammelten sich, um ihn zu sehen, und Jesus predigte und vollbrachte Wunder. Eines Tages, als er den See in einem Boot überquerte, besänftigte er einen aufziehenden Sturm. Ein anderes Mal heilte er in Kanaan den Sohn eines römischen Zenturios, obgleich sich der Junge in Kapernaum befand.

240 *Die farblosen Häuser Tiberias' an der Ostküste des Sees Genezareth. Die Stadt wurde im Jahr 20 von Herodes Antipas, Sohn Herodes des Großen, an dieser Stelle gegründet. Im antiken Kapernaum, das nur wenige Kilometer nördlich liegt, vollbrachte Jesus zu Beginn seiner Predigten mehrere Wunder.*

240–241 *Ghirlandaio malte* Die Berufung der Apostel Petrus und Andreas *1481–1482 in der Sixtinischen Kapelle in modernem Stil, jedoch mit Reverenz an die flämische Malerei.*

242–243 *Jesus ruft Petrus und Andreas zu sich, würdevolle Interpretation von Bernardo Strozzi, 17. Jahrhundert.*

Auf einer Hochzeitsfeier in Kapernaum bat seine Mutter Maria ihn, ein profanes, jedoch liebenswürdiges Wunder zu vollbringen: Er verwandelte Wasser in Wein, damit die Gäste mit den Hochzeitsfeierlichkeiten fortfahren konnten. Antonino da Piacenza, ein italienischer Pilger, der 570 durch Kanaan reiste, erzählte, er habe am gleichen Tisch gesessen wie Jesus bei der Hochzeit. Wie es sich für einen anständigen Touristen gehörte, hinterließ er Namen in der Steintafel, jedoch nicht seine eigenen, sondern jene seiner Eltern. Man zeigte ihm außerdem zwei der sechs Amphoren, die mit dem Wasser gefüllt waren, das Jesus in Wein verwandelte. Es überrascht und ist gleichzeitig charakteristisch für die Ausmaße des Reliquienhandels, der in byzantinischer Zeit einsetzte, dass man den Tisch, den da Piacenza erwähnt, 1885 in Griechenland unter den Ruinen einer Kirche in Elatea entdeckt hat. Im 6. oder 7. Jahrhundert hat man in griechischen Buchstaben Folgendes eingraviert: „Dieser Stein stammt aus Kanaan in Galiläa, wo unser Herr Wasser in Wein verwandelte.“ Jesus unternahm von Kapernaum aus mehrere Reisen. Im Jahr 27 verbrachte er Ostern in Jerusalem. Dort heilte er einen Lahmen in der Nähe des Bethesda, des Doppelteiches nahe der St.-Annen-Kirche. Als er nach

244–245 und 245 *Die Verwandlung von Wasser in Wein auf der Hochzeit in Kanaan ist eines der Themen in Duccios* Maestà *(1308–1311) im Dom von Siena, aber auch in einem Mosaik der Kirche Sant'Apollinare Nuovo in Ravenna. Exegeten haben lange über die Episode diskutiert, da es sich offensichtlich um ein irdisches Wunder handelte, das heißt, es diente weder einem spirituellen noch einem göttlichen Zweck. Am plausibelsten scheint die Erklärung, dass es eine gut gemeinte Geste sein sollte, um die menschliche Schwäche zu befriedigen, oder dass Jesus seiner Mutter einen Gefallen tun wollte, die ihn um Hilfe gebeten hatte.*

246 Die klassisch inspirierte Interpretation von Eustache le Sueur (1616–1655) zeigt Jesus, der den Blinden sehend macht. Das Wunder schockierte die Pharisäer, denn Jesus hatte es am Sabbat vollbracht und damit eine der bedeutendsten Regeln der jüdischen Tradition gebrochen.

247 Diese Darstellung von Eustache le Sueur zeigt Jesus, der den Sohn einer Witwe aus Nain von den Toten erweckt. Zu jener Zeit gewann Jesus immer mehr Anhänger, da er spontane und nicht traditionsgemäße Wunder vollbrachte.

248 Die Überreste des Bethesda sind noch heute nahe der St. Anna Kirche in Jerusalem zu erkennen, an dem Ort, an dem Maria vermutlich ihre Kindheit verbrachte. Der Teich diente rituellen Waschungen und wurde auch Schafteich genannt, nach dem Namen der Tür in der nordöstlichen Ecke des Tempels von Herodes, der sich ganz in der Nähe befand.

248–249 Pieter van Lint (1609–1690) ist ein flämischer Maler, den die Kunstkritiker erst vor kurzem entdeckt haben. Für die Darstellung der Heilung des Lahmen nahe dem Bethesda hat der Künstler eine prächtige neoklassizistische Umgebung gewählt. Auch dieses Wunder zelebrierte Jesus am Sabbat. Der heilige Johannes sah darin den wahren Grund dafür, dass die Juden den Tod Jesu wünschten.

„Selig sind die Armen im Geiste“

Galiläa zurückkehrte, umgaben ihn viele Gläubige. Jesus zog sich mit einer kleinen Gruppe, später die zwölf Apostel genannt, in die Abgeschiedenheit der Berge zurück. Die Menge begab sich jedoch auf die Suche nach Jesus und als sie ihn fand, vielleicht auf dem Kurn Hattin (bei Hattin besiegte Saladin 1187 ein großes Kreuzfahrerheer), hielt er vor ihnen die Bergpredigt. Ein anderes Mal zog sich Jesus in ein wüstenartiges Gebiet nahe Bethsaida Giulia zurück. Doch auch hier fand ihn die Menge. Die Menschen blieben so lange, dass er gezwungen war, ihnen zu essen zu geben. Mit fünf Broten und zwei Fischen speiste er 5 000 Menschen. Begeistert von dem Wunder wollte die Menge Jesus zum König ausrufen, doch er weigerte sich. An dem Ort, an dem dies geschah, errichtete man eine Kirche. Pilger, die das Heiligtum aufsuchten, brachen Stücke von den Wänden, Talismane die sie vor Krankheiten schützen sollten.

Das nächste Wunder vollbrachte Jesus, als er über das Wasser ging. Petrus, der es ihm gleichtun wollte, scheiterte, als er schwach im Glauben wurde.

250 *In der Darstellung der Bergpredigt von Fra Angelico zählt Jesus, von Schülern umgeben, die Seligpreisungen auf. „Selig sind die Armen im Geiste …“ Die Schüler, die Christus am nächsten waren, die zwölf Apostel, hoben sich unter der wachsenden Zahl der Anhänger Jesu hervor, die ihm in Galiläa überallhin folgten.*

250–251 *Der oktogonale Aufsatz der Kirche der Seligpreisungen (in Tabgha, südlich von Kapernaum) weist auf die acht Seligpreisungen hin. Der Hügel, auf dem die Kirche errichtet wurde, gilt traditionell als die Stätte, an der Jesus predigte und eines seiner sensationellsten Wunder vollbrachte: die Speisung von 5 000 Menschen.*

252 In Tabgha hat man 1932 an der Stelie einer byzantinischen Basilika aus dem 4. Jahrhundert Mosaiken mit naturalistischen und kulturellen Darstellungen entdeckt. Eine davon ist diese außergewöhnliche, anrührende Allusion an die Wunder Christi.

252–253 Die Mosaiken der Markuskirche in Venedig zeigen Jesus, der Fische und Brote vermehrt, um die Menge zu speisen. Markus schätzte, dass sich 5 000 Gläubige an den Ufern des Sees Genezareth versammelt hatten.

Zu jener Zeit erhielt Jesus nicht nur die beunruhigende Neuigkeit vom Tod Johannes des Täufers, sondern er erfuhr auch, dass Herodes Antipas nun sein Augenmerk auf ihn lenkte. Er beschloss, sich für eine Weile zurückzuziehen, und reiste nach Tyros in Phönizien. Jesus wollte unerkannt bleiben, doch eine Frau erkannte und überredete ihn, ihre kranke Tochter zu heilen. Wenige Monate später kehrte er nach Galiläa zurück und traf sich mit den Aposteln nahe Gaulanitide bei Caesarea Philippi, das unterhalb des Hermon am Ufer des Jordan liegt. Hier erklomm er mit Petrus, Jakobus und Johannes einen hohen Berg. Die drei Jünger sahen, dass Jesus sich beinahe verflüchtigte und seine Gewänder leuchteten und wurden so weiß wie Schnee. Dann erschienen zwei Personen neben Jesus: Moses und Elia. Die drei Jünger warfen sich erstaunt und erschrocken zu Boden. Dieses Ereignis ging als Transfiguration, die Verklärung Christi, in die Geschichte ein.

254 Im 9. Jahrhundert errichtete man auf dem Berg Tabor, der sich in der Jesreel-Ebene nahe Nazareth erhebt, eine Kirche über den Ruinen einer byzantinischen Basilika. Die kleine Erhebung gilt traditionell als Stätte der Verklärung Christi, wenngleich die Evangelien von einem höheren Berg berichten.

255 Zwischen 1438 und 1447 malte Fra Angelico viele Fresken im neuen Kloster San Marco, Florenz, vor allem über den Türen der Mönchszellen. Eines der späteren ist die nüchterne und schlichte Transfiguration, in der Christus bemerkenswert entrückt wirkt.

Bibelausleger gingen einst davon aus, dass es sich bei dem „hohen Berg“ um den Hermon handle, der 2814 m hoch ist und sich in einem mehrstündigen Fußmarsch von Caesarea Philippi aus problemlos erklimmen lässt. Seit Origines hält man jedoch den Tabor (588 m), der zwischen Nazareth und dem Jordan in Galiläa liegt, für den Ort der Verklärung Christi. Auf dem befestigten Gipfel, der den Juden zur Zeit Josephus Flavius' als letztes Rückzugsgebiet gegen die Römer diente, errichtete man im 4. Jahrhundert die Verklärungsbasilika. Einst verfügte die Kirche über eine Treppenflucht mit 4340 Stufen, die auf Veranlassung der heiligen Helena angelegt wurde, heute ist davon jedoch nichts mehr zu sehen. Nach dem 1. Kreuzzug errichteten Benediktiner, die die Basilika wieder aufbauen wollten, hier ein Kloster, das heute jedoch verfallen ist. Zwischen 1210 und 1212 stand der Berg unter islamischer Kontrolle. Die Muslime füllten das Hauptschiff mit Geröll auf und errichteten anschließend einen riesigen Turm darüber, den sie mit Mauern umgaben. 1228, als Kaiser Friedrich II. Nazareth und den Tabor vom ägyptischen Herrscher Malek el-Kamel erwarb, ließ sich ein anderer Mönchsorden hier nieder, die ungarischen Brüder. Sie errichteten mit den Materialien früherer Bauten eine kleinere Kirche vor der Krypta, die als einzige noch intakt war. 1254 betete hier Ludwig IX. , König von Frankreich. Neun Jahre später ließ Sultan Bibar die Kirche endgültig zerstören. Heute kann man hier eine Basilika aus dem 19. Jahrhundert bewundern.

256 Gleißendes Licht lässt die Proportionen und Formen der Körper in dieser Version der Transfiguration (1560) zerfließen, Tizian, Kirche San Salvatore, Venedig. Die Gesichter Christi und der Propheten lösen sich in dieser atmosphärischen und intellektuellen Interpretation beinahe auf.

257 Die Fassade der Verklärungsbasilika, eines prächtigen Bauwerks aus dem 19. Jahrhundert, erhebt sich zwischen zwei massiven Glockentürmen hinter einem eleganten neoromanischen Bogen. Das Heiligtum wurde anstelle einer byzantinischen Basilika aus dem 4. Jahrhundert errichtet und war über 4 340 Stufen zu erreichen, die auf Wunsch Helenas angelegt wurden, der Mutter Kaiser Konstantins.

Der Messias in Jerusalem

Jesus kehrte noch einmal zurück nach Kapernaum, das er im Herbst verließ und nie mehr wiedersah. Er begab sich nach Jerusalem, um das Laubhüttenfest zu zelebrieren, das Anfang Oktober stattfindet. Anschließend ging er nach Samaria, wo man ihn kaum wahrnahm. Er ließ sich eine Zeit lang in Bethanien nieder, nahe der Hauptstadt, und verweilte im Haus der drei Geschwister Lazarus, Martha und Maria. Von hier aus ritt er auf einem jungen Esel, der noch nie zuvor geritten worden war, in Jerusalem ein, gefolgt von den zwölf Aposteln. Von Bethanien aus reiste er mehrmals in die Heilige Stadt, um zu predigen. Bei einem dieser Besuche vertrieb er die Händler, die Tieropfer verkauften, aus dem Tempel, warf die Tische der Geldwechsler um und tadelte die Männer, das Haus seines Vaters in einen unreinen Ort verwandelt zu haben. Dieser Vorfall und die Predigten Jesu erweckten den Zorn und den Unmut der Priester, die drohten, ihn steinigen zu lassen.

Kurze Zeit später verließ Jesus Jerusalem wieder, um das Wort Gottes in Peraa zu verkünden, einer Region am anderen Ufer des Jordan, in der Johannes der Täufer gepredigt hatte. Es vergingen jedoch nur wenige Tage, als er von Martha und Maria Nachricht erhielt, ihr Bruder sei ernsthaft erkrankt und Jesus möge zurückkehren, um ihn zu heilen.

258 Sacharja 9, 9 *prophezeit Jesu Einzug in Jerusalem: „Siehe, dein König kommt zu dir, … und reitet auf einem Esel, .. “ Fra Angelico folgt getreu Matthäus' Schilderung der Szene und zeigt die Ölzweige und Umhänge, die die Menge auf den Boden wirft.*

258–259 *Ein ruhiges Jerusalem im Stil der Renaissance erwartet Christus in dieser Darstellung von Fra Angelico. Man vermutet, dass zur Zeit Jesu 40 000 Menschen in der Stadt lebten, die Herodes um 37 v. Chr. teilweise wieder aufbauen hatte lassen.*

260–261 Von Südosten aus betrachtet umfasst der Tempelbezirk die Ostseite der Altstadt von Jerusalem. Der Tempel Salomos und später jener Herodes' wurden an der Stelle errichtet, an der heute der prächtige Felsendom (rechts) steht. Zur Linken der weitläufigen Terrasse lag die ursprüngliche Stadt, die Stadt Davids.

262–263 Christus vertreibt die Händler aus dem Tempel. Bei diesem Fresko von Giotto in der Scrovegni-Kapelle konzentrieren sich die harmonische Gestaltung der Komposition und die Aufmerksamkeit der Zuschauer – der porträtierten Figuren – auf Jesus, der gerade dabei ist, einem Geldwechsler einen Schlag zu versetzen.

264–265 Ein Blick aus der Vogelperspektive zeigt die Ausmaße des Tempelbezirks. Herodes der Große ließ den Tempel Salomos um 20. v. Chr. restaurieren und erweitern. Von Herodes' Anlage ist nur die massive Mauer erhalten, die den Komplex umgibt. Links ist die Westmauer zu erkennen, die besser als Klagemauer bekannt ist. Hier gedenken die Juden der endgültigen Zerstörung des Allerheiligsten durch Kaiser Titus im Jahr 70.

Jesus blieb noch ein paar Tage in Perea, ehe er nach Judäa zurückkehrte, und er erklärte seinen Aposteln, dass Lazarus tot sei. Als die Gesellschaft wieder in Bethanien eintraf, ruhte Lazarus bereits seit drei Tagen in einem Grab. Jesus ließ jedoch den Felsblock vor dem Grab beiseite schaffen und rief Lazarus zu sich. Der in Leichentücher gehüllte Tote stand auf und trat aus dem Grab.

Man hat das Grab an einem Ort namens Lazarim lokalisiert, auf Arabisch „el-Azarieh“. Es besteht aus einem Vestibül mit einer langen Treppe auf die eine schmalere dreistufige Treppe folgt, die in einen kleinen quadratischen Raum führt, dessen Seitenlänge etwa 1,8 m beträgt. Hier wurde Lazarus beerdigt. Das Grab wurde in eine Kapelle umgewandelt mit einem Altar und Marmorbelägen, die nicht erhalten sind. Im 12. Jahrhundert, zur Zeit der Kreuzfahrer, errichtete man darüber eine Kirche, in der sich die römisch-katholischen Patriarchen Palästinas beisetzen ließen. Nach der Zerstörung der Kirche errichteten die Muslime im 16. Jahrhundert an dieser Stelle eine Moschee und der Grabeingang wurde zugemauert. Die Geschichte endet damit, dass Angelo da Messina, ein italienischer Franziskaner, zu Beginn des darauf folgenden Jahrhunderts eine stattliche Summe dafür bezahlte, den heutigen Eingang öffnen zu dürfen.

266–267 *Giottos Auferstehung des Lazarus (1303–1305), ein Gemälde in der Scrovegni-Kapelle in Padua, ist durchdrungen von einer emotionalen Intensität, die lediglich den hieratischen, beinahe herrischen Christus nicht zu berühren scheint.*

267 *Man vermutet Lazarus' Grab in Bethanien. Im 4. Jahrhundert befand sich an dieser Stelle eine byzantinische Basilika, die später von einem Erdbeben zerstört, bis zur Zeit der Kreuzfahrer jedoch mehrmals wieder aufgebaut wurde.*

268 Im Innern der Lazaruskirche blickt eine Kuppel mit einem Fresko, das den Einzug Jesu in Jerusalem zeigt, auf einen Altar aus dem 9. Jahrhundert. Der arabische Name der Stadt, el-Azarya, stellt eine direkte Verbindung zu Lazarus her, die von der Bezeichnung Lazarium untermauert wird, die mittelalterliche Pilger erwähnen.

268–269 Im Stil spanischer Gemälde des 17. Jahrhunderts kontrastiert in dieser Darstellung der Auferstehung des Lazarus die Welt des Menschen mit der Welt des Lichts, die Christus verkörpert. Das Werk stammt von dem französischen Maler Léon Bonnat (1833–1922).

Das letzte Abendmahl

Die Geschichte der wundersamen Auferweckung des Lazarus verbreitete sich wie ein Lauffeuer und erfüllte die Herzen der Priester und der Doktoren der Theologie mit Angst. Sie hielten Jesus für einen gefährlichen Umstürzler und trachteten danach, ihn einsperren zu lassen. Jesus hielt sich einige Monate außerhalb Bethaniens auf, kehrte jedoch kurz vor Ostern zurück. Man feierte seine Rückkehr mit einem Bankett im Hause Simons. Auch Lazarus, Martha und Maria waren zugegen. Maria wusch Jesus zum Zeichen ihrer Ergebenheit die Füße mit Nardenöl und trocknete sie anschließend mit ihrem Haar. Diese Geste rief Empörung unter den Aposteln hervor, denn sie hielten sie für reine Verschwendung, doch Jesus betrachtet sie als Zeichen der Liebe ihm gegenüber.

In Jerusalem bereitete man für den Tag vor Ostern im Hause der Maria ein weiteres Mahl. Maria war die Schwester des Petrus und Mutter des künftigen Evangelisten Markus. In den Evangelien sucht man den Namen des Eigentümers des Hauses allerdings vergeblich. Dies sollte das letzte Abendmahl sein, das Jesus mit seinen zwölf Aposteln teilte, von denen ihn einer verraten sollte. Im äußersten Süden des Berges Zion, außerhalb des Ziontores in den Mauern von Jerusalem, errichtete man um das Zönakel eine kleine Kirche und im 4. Jahrhundert eine große Basilika, die mehrmals zerstört und wieder aufgebaut wurde. Ab dem 11. Jahrhundert sprach man davon, dass zwischen den unteren Räumen im Zönakel, wo Jesus seinen Aposteln die Füße wusch, das Grab König Davids entdeckt worden sei. Bis 1551 war der Ort den Franziskanern anvertraut. Der osmanische Sultan Süleiman der Prächtige ließ die Mönche jedoch vertreiben und verwandelte die Kirche in eine Moschee.

270 *Seine Zeit ist gekommen: Jesus versammelt seine Apostel zum letzten Abendmahl um sich. Das Fresko von Pietro Lorenzetti datiert aus der ersten Hälfte des 14. Jahrhunderts und befindet sich in Unterkirche des heiligen Franziskus in Assisi. Das letzte Abendmahl ist eine der Episoden aus den Evangelien, die die westliche Kultur zutiefst geprägt haben. Es wurde zum Symbol des Verrats, der Gnade und der Loslösung von der Welt.*

271 oben In dieser Repräsentation der Fußwaschung (erste Hälfte des 15. Jahrhunderts) unterstreicht Fra Angelico das natürliche Verhalten der Zuschauer. Simon Petrus versucht, Jesus aufzuhalten, doch der Meister tadelt ihn: „Werde ich dich nicht waschen, so hast du kein Teil mit mir." (Johannes 13, 8).

271 unten 26 Paneele der Maestà (1308–1311) von Duccio im Dom von Siena sind der Passion gewidmet. In diesem Abschnitt nimmt Jesus Abschied von seinen Jüngern. Die Komposition ist völlig frei von byzantinischer Präzision und erfüllt vom innovativen Stil der Gotik, den Duccio als einer der Ersten meisterhaft umsetzte.

Das letzte Abendmahl

272 Die bescheidene Architektur des Refektoriums ist das Werk von Kreuzfahrern des 12. Jahrhunderts, die den Berg Zion in Jerusalem umgrenzen wollten, den eine spätere Überlieferung als Stätte des letzten Abendmahls identifiziert.

272–273 Das letzte Abendmahl *gehört zu den bedeutendsten Arbeiten der italienischen Renaissance. Leonardo da Vinci schuf das Werk zwischen 1495 und 1498 in verschiedenen Techniken. Seit dem 16. Jahrhundert litt die Qualität des Gemäldes, das kürzlich restauriert und stabilisiert wurde.*

Der Garten Gethsemane

274 Im 20. Jahrhundert wurde die Kirche aller Nationen erbaut, die den länderübergreifenden Werten des religiösen Glaubens gewidmet ist. Sie befindet sich im Garten Gethsemane, jenem Ort, an dem Jesus festgenommen wurde. Das Gebiet am Fuße des Ölbergs wurde bereits im 1. Jahrhundert verehrt.

275 Dieses anrührende Paneel der Silbertruhe (1452), das Fra Angelico zugeschrieben wird, zeigt Jesus im kritischen Moment des Zweifels, als der den Vater bittet, „… so gehe dieser Kelch an mir vorüber“ (Markus 14, 36). *Im Vordergrund sind die Jünger Jesu zu erkennen, die vor Kummer und Trauer schlafen.*

Nach dem letzten Abendmahl verließ Jesus mit elf seiner Jünger Jerusalem auf der Straße Richtung Bethanien. Judas hatte das Abendmahl verlassen, um Jesus zu verraten. Am Fuß des Ölberges machte die Gesellschaft an einem Ort namens Gethsemane („Ölkelter“) halt. Hier pflegte Jesus, zu predigen. Gemeinsam mit Petrus, Jakobus und Johannes ging er durch die Bäume, während sich die anderen Apostel zum Schlafen niederlegten. Dies war die Nacht des Ringens Christi mit dem Tode. Jesus, der Blut schwitzte, sagte: „Mein Vater, ist's möglich, so gehe dieser Kelch an mir vorüber; doch nicht wie ich will, sondern wie du willst.“ Ein Engel stieg vom Himmel herab, um Jesus Trost zu spenden. Kurz darauf trafen die Soldaten ein, angeführt von Judas. Judas küsste Jesus auf die Wange, um den Soldaten zu zeigen, dass er derjenige war, den sie gefangen nehmen mussten. Einige Apostel leisteten Widerstand und Petrus schlug einem Soldaten das Ohr ab, doch Jesus griff ein, befahl ihnen, die Hände sinken zu lassen, und ließ sich gefangen nehmen. Auch an diesem Ort erbaute man im 4. Jahrhundert eine Kirche, die Agoniegrotte. Nach ihrer Zerstörung baute man sie zur Zeit der Kreuzfahrer wieder auf und vergrößert sie. In der Nähe stehen zwei Olivenbäume in einem eingezäunten Garten, deren Stämme einen Durchmesser von 8 m beziehungsweise 11 m haben. Aufgrund ihres hohen Alters scheinen sie eher aus Fels, denn aus Holz zu sein. „Dies sind die am meisten verehrten Bäume der Welt“, sagt der palästinische Fremdenführer andächtig.

Die Gefangennahme Jesu markiert den Beginn des Passionsweges, des traditionellen Pfades, dem seit Jahrhunderten Millionen Pilger gefolgt sind. Man brachte den Gefangenen zunächst zum Haus des ehemaligen Hohepriesters Annas und dann zu jenem von Kaiaphas, dem amtierenden Hohepriester. Dort wurde Jesus befragt und geschlagen. Im 4. Jahrhundert zeigte man noch die Säule, an die Jesus gebunden war. Sie wurde jedoch zerstört, als die Perser 614 Jerusalem einnahmen und verwüsteten. Jesus wurde vom Synedrium, dem Hohen Rat der Juden, der vermutlich im Hause des Kaiaphas zusammenkam, zum Tode verurteilt. Anschließend brachte man ihn vor den Prokurator Pontius Pilatus, dessen Residenz man im ältesten Bereich der Burg Antonia neben dem Tempel findet. Gemäß Josephus Flavius hatte Herodes sie „unter Aufbietung all seines Genius“ erbauen lassen. Ein monumentales dreibogiges Tor öffnete sich zu einer Anlage, die Festung und Palast zugleich war. Der mittlere Bogen steht noch heute und wird Ecce-Homo-Bogen genannt.

276 oben Duccios berühmtestes Werk, die Maestà *(1308–1311), stellt die gesamte Passion dar. Der Ausschnitt zeigt Jesus, der verlassen im Garten Gethsemane betet.*

Gericht und Urteil

278 *Unter geschicktem und überschwänglichem Einsatz von Farbe illustrierte Duccio wie in der gesamten* Maestà *die Passion unter historisierenden Gesichtspunkten, indem er größten Wert auf Schattierungen und Kleidungsdetails legte. In dieser Sequenz wird Jesus vor Kaiaphas geführt, den Beleidigungen der Pharisäer ausgesetzt, vor Herodes gebracht und schließlich auf Befehl Pontius Pilatus' gegeißelt.*

279 oben *Unter den Augen Pontius Pilatus' wird Jesus mit der Dornenkrone gekrönt. Gemäß den Evangelien hielt der Prokurator von Judäa diese Strafe für angemessen, da sich der Angeklagte keines Verbrechens schuldig gemacht hatte.*

279 unten *Pilatus gibt dem Drängen der Menge nach und wäscht seine Hände in einer Geste von beinahe universalem Symbolismus. Über das spätere Leben des Römers ist nichts bekannt, doch bestimmte Apokryphen gehen davon aus, dass er zum Christentum übertrat und den Märtyrertod starb.*

280 und 280–281 Die beunruhigende Kunst Caravaggios – der die menschlichen und die brutalen Dimensionen des Göttlichen porträtiert hat – schuf die beiden Interpretationen der Geißelung Christi *(1607). Die Beziehung zwischen dem Werk und dem Leben des Künstlers ist umstritten: Der gepeinigte und unglückselige Maler musste 1606 aus Rom fliehen, nachdem er im Streit einen Mann erschlagen hatte.*

INRI

INRI

Der Leidensweg Christi

Hier beginnt der Kreuzweg. Wenn jemand die Dienste des römischen Prokurators von Judäa in Jerusalem in Anspruch nehmen wollte, residierte der Statthalter im Palast. Ansonsten wohnte er in Caesarea Maritima.

14 Stationen markieren den Weg Jesu bis Golgatha. Diese Stationen wurden erst zur Zeit der Kreuzfahrer festgelegt, nicht bereits in den ersten Jahrhunderten der christlichen Zeitrechnung. Johannes von Würzburg rekonstruierte 1165 als Erster den Weg, dem Jesus folgte. Er wählte jedoch den falschen Weg, denn er ging vom Berg Zion aus. Im darauf folgenden Jahrhundert verweist der L'Estat de la Citez de Ihérusalem, ein Text, der zwischen 1228 und 1231 verfasst wurde, auf eine Route, die der aktuellen sehr ähnlich ist. 1280 wird schließlich erstmals von „einer Karawane westlicher Pilger" auf dem Kreuzweg berichtet. Die Zahl der Stationen variierte. Im 16. Jahrhundert waren es zwölf, im 17. Jahrhundert nur noch zehn, dann acht und seit dem 18. Jahrhundert sind es beständig 14. An jeder Station steht eine Kapelle mit Inschriften.

282 und 283 Les Petites Heures *(Ende des 15. Jahrhunderts) sind das Ergebnis der Zusammenarbeit zwischen den Miniaturisten Jean le Noir und Jacquemart de Hesdin. Der Mäzen Jean I., Herzog von Berry, hatte das Werk in Auftrag gegeben. Die Eleganz der Arbeit wird anhand der entscheidenden Momente der Passion deutlich, vor allem in den Gesichtern und der Körpersprache der Charaktere. Die Kreuzigungsstätte auf dem kahlen Hügel Golgatha (hebräisch „gulgoleth", „Schädel") lag zur Zeit Christi außerhalb der Mauern Jerusalems, wurde jedoch später in die Verteidigungsanlagen integriert. Kaiser Hadrian versuchte im 2. Jahrhundert, das Andenken an die Stätte auszulöschen, und ließ das Forum darauf errichten. Er erreichte damit jedoch nur, dass der Nachwelt der Ort in Erinnerung blieb.*

284 Am Karfreitag drängt sich eine lange Prozession durch die schmale Via Dolorosa in der Altstadt von Jerusalem. Die Gläubigen folgen den 14 Stationen Jesu mit dem Kreuz bis zum Heiligen Grab. Jahrhundertelang variierte die Zahl der Stationen, die erst im 18. Jahrhundert auf 14 festgelegt wurde.

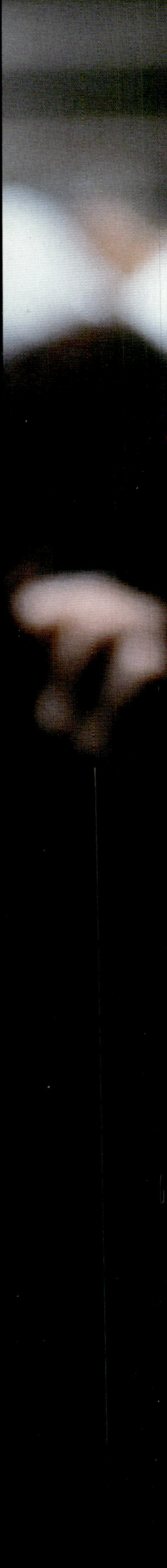

285 Hingabe und Ergriffenheit drückt das Gesicht dieser Gläubigen aus, die an den Osterfeierlichkeiten in Jerusalem teilnimmt. Die ersten sechs Stationen der Via Crucis befinden sich im Viertel der Muslime, die folgenden drei liegen außerhalb der Grabeskirche und die übrigen fünf im Innern. Das Grab bildet die letzte Station.

Jesu irdische Existenz endete auf dem Hügel Golgatha (lateinisch Calvaria), einem kahlen, runden Hügel, der sich zur Zeit Jesu außerhalb der Stadtmauern Jerusalems befand. Es handelte sich dabei nicht um eine eigens für Hinrichtungen angelegte Stätte, denn bei den Juden gab es solche Stätten nicht. Joseph von Arimathaia hatte ein Familiengrab anlegen lassen, in dem er den Leichnam Jesu nach der Kreuzigung beisetzen ließ.

Als sich das Christentum im Römischen Reich ausbreitete und Golgatha ein Wallfahrtsort wurde, beschloss der römische Kaiser Hadrian, Jerusalem in eine heidnische Stadt umzuwandeln, jeden Hinweis auf das Judentum auszulöschen und alle Heiligtümer der Christen zu vernichten. Er ließ das Geröll einer Umfassungsmauer über Golgatha verteilen und darüber einen Wald pflanzen, den er Jupiter und Venus weihte. In dieser Entweihung sehen Exegeten einen Hinweis auf die Authentizität der Stätte als Ort der Kreuzigung.

Nachdem sich im 4. Jahrhundert die christliche Religion durchgesetzt hatte, ließ Helena, die Mutter Kaiser Konstantins, mithilfe der gesamte Garnison der in Jerusalem stationierten römischen Soldaten sowie mit Unterstützung einiger Freiwilliger, den Wald und das Geröll aus Hadrians Zeit entfernen. Ihr Sohn gab anschließend Befehl, die größte Basilika zu errichten, die „dem am meisten verehrten Ort der Welt würdig" sei, wie er in einem Brief an Makarios, Bischof von Jerusalem, schreibt. Der Felsblock, hinter dem sich die Höhle mit dem Grab Christi verbarg, wurde entfernt und rund geschliffen. Anschließend errichtete man ein majestätisches Monument darum, das eine Kuppel krönte. Golgatha wurde eingefasst und in Form eines Würfels gebracht. Die prächtige Kirche kleidete man mit Mosaiken und Ornamenten aus. Sie wurde jedoch 614 bei der Einnahme der Stadt durch die Perser unter König Chosroes zerstört. Man baute sie zwar wieder auf, doch ihr ursprünglicher Glanz war verloren. Die Muslime respektierten das neue Gebäude, bis Kalif Hakem 1009 den Abbruch des Heiligen Grabes sowie aller christlichen Tempel und Heiligtümer in Palästina anordnete. 1020 erlaubte derselbe Kalif den Christen eine Messe an der Stätte des Heiligen Grabes zu zelebrieren und elf Jahre später gestattete sein Nachfolger Daher el-Aziz den Wiederaufbau der Kirche.

Als diese Nachricht Europa erreichte, reisten tausende von Pilgern nach Jerusalem und stifteten ansehnliche Summen zur Finanzierung des Wiederaufbaus, mit dem 1042 begonnen wurde.

Ein Jahrhundert später trachteten die Kreuzfahrerkönige von Jerusalem danach, die Gebäude im selben Glanz wie die Basilika Konstantins erstrahlen zu lassen. Deshalb ließen sie zwischen 1140 und 1149 eine weitere Kirche erbauen. Sie wurde im Verlauf der Jahrhunderte jedoch zahlreichen Restaurationen und Veränderungen unterzogen, sodass sich ihr ursprüngliches Aussehen kaum rekonstruiert lässt.

286 *Die Gläubigen knien nieder, um den Stein von Golgatha in der Kalvarienkapelle zu berühren, der elften Station der Via Crucis. Die Kapelle wurde an der Stelle erbaut, an der man das Kreuz errichtet hatte.*

287 *In der Kreuzigungsszene auf der Silbertruhe legte Fra Angelico die Betonung auf die Peiniger Christi. Bis ins Detail sind die Qualen des Zenturios zu erkennen, der zur Linken kniet und erschreckt von dem Ereignis Gott preist.*

288–289 Sandro Botticelli legte beim Todeskampf Christi (1490–1492) weniger Wert auf Intellektualismus als auf Pathos, anders als bei den Werken, die er für die Medici fertigte und die ihn berühmt machten. Die beinahe wie Skulpturen wirkenden Figuren, darunter Maria und Magdalena, haben sich in tiefer Trauer um den leblosen Körper Jesu versammelt.

290 In der Grabkirche verehren Gläubige und Pilger den Salbungsstein, auf dem der Leichnam Jesu mit parfümierten Ölen und Salben für das Begräbnis vorbereitet wurde.

290–291 Gegen Ende des 15. Jahrhunderts malte Andrea Mantegna diese eindrucksvolle perspektivische Darstellung vom Leichnam Christi. Die Stigmata lassen das Gemälde überaus realistisch wirken.

Das Heilige Grab

292 In der Pietà *von Fra Angelico öffnet sich die abgrundtiefe Schwärze des Grabes beunruhigend hinter Joseph von Arimathea und Jesus. Der fromme Künstler unterstrich die Unschuld religiöser Themen oftmals mit einem klaren, weichen Licht, das die übermenschlichen Qualitäten der Figuren hervorhebt.*

293 Das Heilige Grab befindet sich heute in einem reich verzierten Gebäude aus dem 19. Jahrhundert. Ursprünglich war es Teil einer Felsnekropole außerhalb der Stadtmauern Jerusalems.

294 Jesus hat den Tod besiegt und verlässt sein Grab. Miniatur aus einem Antiphonale des florentinischen Künstlers Pacino di Bonaguida, der im frühen 14. Jahrhundert tätig war.

295 Nach 1466 begann Fra Filippo Lippi mit den Fresken des Marienlebens im Dom von Spoleto, zu denen dieses Gemälde gehört, das den Tod der Jungfrau zeigt.

Die Himmelfahrt Jesu

Die Himmelfahrt Christi ereignete sich an einem anderen Ort der Stadt, am Ölberg, der sich an der Straße nach Bethanien befindet. Zwei Monumente erinnern an die Himmelfahrt: die Eleona-Basilika und das Imbomon. Helena und Konstantin ließen die Basilika über einer bereits in ältester Zeit verehrten Höhle erbauen, in der Jesus seinen Jüngern die Zerstörung Jerusalems prophezeit hatte und von der aus er in den Himmel aufgefahren war. Das Imbomon ist ein oben offener Rundbau, den drei Säulenreihen umgeben. Der Fußboden besteht aus Mosaiken und Marmor. In der Mitte befindet sich der Fels, der die Fußabdrücke Jesu trägt. Die Kreuzfahrer verwandelten die dreireihige Kolonnade in Klosterzellen. Heute umschließt eine Kapelle den Fels und der Abdruck des rechten Fußes ist im Lauf der Zeit verblasst. Nicht weit entfernt befand sich einst eine Kapelle, die heute nicht erhalten ist. Man hatte sie an der Stelle errichtet, an der gemäß den Apokryphen der Erzengel Gabriel der Jungfrau Maria erschienen war, die sich auf dem Weg zum Ölberg befand, um zu beten. Gabriel verkündete ihr, dass sie innerhalb von drei Tagen wieder mit ihrem Sohn vereint sein würde, und er übergab ihr einen Palmwedel als Zeichen seines triumphalen Eintritts in das Paradies. Die Apokryphen berichten außerdem, dass Maria im Garten Gethsemane beigesetzt wurde und dass sie am dritten Tag in den Himmel aufgefahren sei. Im 4. Jahrhundert überdeckte man das leere Mariengrab mit einer Basilika. Gemäß dem Bericht eines Pilgers führten im darauf folgenden Jahrhundert 250 Steinstufen in das Grab. Auf Verlangen Kaiser Marcianus' und dessen Gemahlin Pulcheria brachte man den Sarg und die Leichentücher Marias 451 nach Konstantinopel. Man stellte sie der Öffentlichkeit zur Schau, doch danach verliert sich ihre Spur. Das Aussehen des Grabes entspricht noch heute jenem des 5. Jahrhunderts: ein kleiner Kiosk mit einer quadratischen Basis. Die Muslime haben das Grab stets respektiert, was man vielleicht als Symbol religiöser Toleranz und Sympathie zwischen den Glaubensrichtungen deuten kann. El-Musharraf, einer der ersten Biographen des islamischen Propheten Mohammed, berichtet, dass während Mohammeds nächtlicher Reise über Jerusalem zwei Lichter an den Seiten des Tempels glommen. Mohammed fragte den Erzengel Gabriel, was das für Lichter seien, und Gabriel antwortete, das auf der rechten Seite sei der Mihrab seines Bruders Davids und das auf der linken das Grab seiner Schwester Maria.

296 und 297 Fra Angelico stellte auf der Silbertruhe in leidenschaftlichen Details und mit geschicktem Einsatz von Perspektive und Farbe die Ereignisse in den Evangelien von der Auferstehung Lazarus' bis zur Himmelfahrt Christi dar. Die letzte Szene bildet die Lex Amoris, *die mit der* Lex Gratiae *und der* Lex Libertatis *die* Lex Nova *formt, die Leitlinie des Neuen Testaments.*

296 und 297 Fra Angelico stellte auf der Silbertruhe in leidenschaftlichen Details und mit geschicktem Einsatz von Perspektive und Farbe die Ereignisse in den Evangelien von der Auferstehung Lazarus' bis zur Himmelfahrt Christi dar. Die letzte Szene bildet die Lex Amoris, *die mit der* Lex Gratiae *und der* Lex Libertatis *die* Lex Nova *formt, die Leitlinie des Neuen Testaments.*

Register

b = Bildunterschrift

Fotonachweis

Seite 1 Archivio Scala
Seiten 2-3 Musei Vaticani
Seiten 4-5 Giovanni Dagli Orti
Seite 6 Araldo De Luca
Seite 7 Antonio Attini/Archivio White Star
Seite 8 Araldo De Luca
Seite 9 Archivio Scala
Seiten 10-11 Musei Vaticani
Seite 12 Eric Lessing Culture and Fine Arts Archives/Contrasto
Seite 13 Eric Lessing Culture and Fine Arts Archives/Contrasto
Seite 14 oben rechts Archivio Storico Il Dagherrotipo
Seite 14 oben links Archivio Storico Il Dagherrotipo
Seite 14 Mitte rechts Archivio Storico Il Dagherrotipo
Seite 14 Mitte links Archivio Storico Il Dagherrotipo
Seite 14 unten rechts Archivio Storico Il Dagherrotipo
Seite 14 unten links Archivio Storico Il Dagherrotipo
Seite 15 oben Historical Picture Archive/ Corbis/Contrasto
Seite 15 unten Archivio Storico Il Dagherrotipo
Seite 16 Francis G. Mayer/Corbis/Contrasto
Seiten 16-17 Francis G. Mayer/Corbis/Contrasto
Seite 18-19 Musei Vaticani
Seite 20 oben Geoffrey Clements/Corbis/ Contrasto
Seite 20 unten Archivio Scala
Seite 20-21 Eric Lessing Culture and Fine Arts Archives/Contrasto
Seite 22 Archivio Scala
Seite 23 Archivio Scala
Seite 24 oben AISA
Seite 24 unten links Topham Picturepoint/Double's/ICP
Seite 24 unten rechts The Art Archive
Seite 25 Giovanni Dagli Orti
Seite 26-27 Staatsbibliothek Bamberg, Bamberg, Germany
Seite 28 Cameraphoto
Seite 29 oben Eric Lessing Culture and Fine Arts Archives/Contrasto
Seite 29 unten Eric Lessing Culture and Fine Arts Archives/Contrasto
Seite 30 oben Topham Picturepoint/Double's/ ICP
Seite 30 Mitte links Topham Picturepoint/ Double's/ICP
Seite 30 Mitte rechts Topham Picturepoint/ Double's/ICP
Seite 30 unten links Topham Picturepoint/ Double's/ICP
Seite 30 unten rechts Topham Picturepoint/ Double's/ICP
Seite 31 Giovanni Dagli Orti
Seiten 32-33 Reza/Webistan/Corbis/Contrasto
Seite 33 Bettmann/Corbis/Contrasto
Seite 34 AISA
Seite 35 Gaillarde Raphael/Gamma/Contrasto
Seite 36 Topham Picturepoint/Double's/ICP
Seite 37 The Art Archive
Seite 38-39 Giovanni Dagli Orti
Seite 40-41 Giovanni Dagli Orti
Seite 42 Archivio Scala
Seite 43 links Topham Picturepoint/Double's/ICP
Seite 43 rechts Archivio Scala
Seite 44 links Bibliothèque Nationale de France, Paris
Seite 44 rechts Bibliothèque Nationale de France, Paris
Seite 45 Bibliothèque Nationale de France, Paris
Seite 46 Henry und Anne Stierlin
Seite 47 Biblioteca Nazionale Marciana, Venezia
Seite 48 Archivio Scala
Seiten 48-49 Archivio Scala
Seite 50 Eric Lessing Culture and Fine Arts Archives/Contrasto
Seite 51 Eric Lessing Culture and Fine Arts Archives/Contrasto
Seite 52 Archivio Scala
Seite 53 Nik Wheeler/Corbis/Contrasto
Seite 54 oben AISA
Seite 54 unten Dean Conger/Corbis/Contrasto
Seiten 54-55 Dean Conger/Corbis/Contrasto
Seiten 56-57 Archivio Scala
Seite 56 unten Archivio Scala
Seite 57 Bibliothèque Nationale de France, Paris
Seiten 58-59 Archivio Scala
Seite 59 Arthotek
Seite 60 oben Ricki Rosen/Corbis Saba/Contrasto
Seite 60 unten Eric Lessing Culture and Fine Arts Archives/Contrasto
Seiten 60-61 Radu Mendrea
Seite 62 Eric Lessing Culture and Fine Arts Archives/Contrasto
Seiten 62-63 AISA
Seite 64 Christie's Images/Corbis/Contrasto
Seite 65 Marcello Bertinetti/Archivio White Star
Seite 66 oben Dean Conger/Corbis/Contrasto
Seite 66 unten Elisabeth Gilbert/Radu Mendrea
Seite 67 Dean Conger/Corbis/Contrasto
Seite 68 Eric Lessing Culture and Fine Arts Archives/Contrasto
Seite 69 oben Archivio Scala
Seite 69 unten The Art Archive
Seite 70 Eric Lessing Culture and Fine Arts Archives/Contrasto
Seite 71 The Art Archive
Seite 72 Eric Lessing Culture and Fine Arts Archives/Contrasto
Seite 73 oben The Art Archive
Seite 73 Mitte Archivio Scala
Seite 73 unten Eric Lessing Culture and Fine Arts Archives/Contrasto
Seite 74 Eric Lessing Culture and Fine Arts Archives/Contrasto
Seite 75 oben Giovanni Dagli Orti
Seite 75 unten Eric Lessing Culture and Fine Arts Archives/Contrasto
Seiten 76-77 oben Eric Lessing Culture and Fine Arts Archives/Contrasto
Seiten 76-77 unten Eric Lessing Culture and Fine Arts Archives/Contrasto
Seite 78 oben Archivio Scala
Seite 78 unten Archivio Scala
Seite 79 oben Archivio Scala
Seite 79 Mitte links Archivio Scala
Seite 79 Mitte rechts Archivio Scala
Seite 80 The Bodleian Library/The Art Archive
Seite 81 oben Archivio Scala
Seite 81 unten Eric Lessing Culture and Fine Arts Archives/Contrasto
Seite 82 Giovanni Dagli Orti
Seite 83 Archivio Scala
Seite 84 oben Archivio White Star
Seite 84 unten Archivio White Star
Seite 85 oben Archivio White Star
Seite 85 unten Archivio White Star
Seite 86 Marcello Bertinetti/ Archivio White Star
Seite 87 Archivio Scala
Seite 88 oben Archivio Scala
Seite 88 unten links Archivio Scala
Seite 88 unten rechts Archivio Scala
Seite 89 links Archivio Scala
Seite 89 rechts Archivio Scala
Seite 90 AISA
Seite 91 Eric Lessing Culture and Fine Arts Archives/Contrasto
Seite 92 oben Archivio Scala
Seite 92 unten Archivio Scala
Seite 93 oben Antonio Attini/Archivio White Star
Seite 93 unten Marwan Naamani-STF/AFP/ De Bellis
Seite 94-95 Marcello Bertinetti/ Archivio White Star
Seite 95 Antonio Attini/Archivio White Star
Seite 96 Archivio White Star
Seite 97 Araldo De Luca
Seite 98 Bibliothèque Nationale de France, Paris
Seite 99 oben The Art Archive
Seite 99 unten links The Bridgeman Art Library
Seite 99 unten rechts The Bridgeman Art Library
Seite 100 Bibliothèque Nationale de France, Paris
Seiten 100-101 Archivio White Star
Seite 102 Archivio Scala
Seiten 102-103 Antonio Attini/Archivio White Star
Seite 104 Archivio Scala
Seite 105 Giovanni Dagli Orti
Seite 106 Archivio Scala
Seite 107 Marcello Bertinetti/Archivio White Star
Seiten 108-109 Topham Picturepoint/ Double's/ICP
Seite 109 Topham Picturepoint/Double's/ICP
Seite 110 Archivio Scala
Seite 111 The Art Archive
Seite 112 oben Itamar Grinberg/Archivio White Star
Seite 112 unten The Bridgeman Art Library
Seiten 112-113 Itamar Grinberg/Archivio White Star
Seiten 114-115 Eric Lessing Culture and Fine Arts Archives/Contrasto
Seiten 116-117 Archivio Scala
Seite 118 The Bridgeman Art Library
Seite 119 The Bridgeman Art Library
Seiten 120-121 Archivio Scala
Seite 121 Archivio Scala
Seite 122 Bibliothèque Nationale de France, Paris
Seiten 122-123 Archivio Scala
Seite 124 Archivio Scala
Seite 125 Archivio Scala
Seite 126/127 The Eran Laor Collection/The Jewish National & University Library, Jerusalem
Seite 128 Archivio Scala
Seite 129 Archivio Scala
Seite 130 Archivio Scala

Seite 131 Topham Picturepoint/Double's/ICP
Seiten 132-133 Archivio Scala
Seite 134 The Bridgeman Art Library
Seite 135 The Bridgeman Art Library
Seite 136 Archivio Scala
Seite 137 Archivio Scala
Seite 138 The Art Archive
Seite 139 Araldo De Luca
Seite 140 The Art Archive
Seite 141 Archivio Scala
Seite 142 Archivio Scala
Seite 143 oben links The Art Archive
Seite 143 oben rechts The Art Archive
Seite 143 unten The Art Archive
Seite 144 oben Archivio Scala
Seite 144 unten Archivio Scala
Seite 145 oben Archivio Scala
Seite 145 unten Archivio Scala
Seiten 146-147 Eric Lessing Culture and Fine Arts Archives/Contrasto
Seite 147 Eric Lessing Culture and Fine Arts Archives/Contrasto
Seite 148 Eric Lessing Culture and Fine Arts Archives/Contrasto
Seiten 148-149 Aly Meyer/Corbis/Contrasto
Seite 150 Archivio Scala
Seite 151 oben Archivio Scala
Seite 151 Mitte Bibliothèque Nationale de France, Paris
Seite 151 unten Bibliothèque Nationale de France, Paris
Seite 152 Topham Picturepoint/Double's/ICP
Seiten 152-153 Giovanni Dagli Orti
Seite 153 Bibliothèque Nationale de France, Paris
Seite 154 The Bridgeman Art Library
Seite 155 Archivio Scala
Seiten 156-157 Giovanni Dagli Orti
Seite 157 Bibliothèque Nationale de France, Paris
Seite 158 Archivio Scala
Seite 159 Archivio Scala
Seite 160 Photo 12
Seite 161 oben Photo 12
Seite 161 unten links Topham Picturepoint/Double's/ICP
Seite 161 unten rechts The Art Archive
Seiten 162-163 Giovanni Dagli Orti
Seite 163 Bojan Brecelj/Corbis/Contrasto
Seite 164 M. Bertinetti/Archivio White Star
Seite 165 Antonio Attini/Archivio White Star
Seiten 166-167 Archivio Scala
Seite 167 The Bridgeman Art Library
Seite 168 Archivio Scala
Seite 169 Eric Lessing Culture and Fine Arts Archives/Contrasto
Seite 170-171 Eric Lessing Culture and Fine Arts Archives/Contrasto
Seite 172 Archivio Scala
Seiten 172-173 Eric Lessing Culture and Fine Arts Archives/Contrasto
Seite 174 The Art Archive
Seite 175 Eric Lessing Culture and Fine Arts Archives/Contrasto
Seite 176 Bibliothèque Nationale de France, Paris
Seite 177 Eric Lessing Culture and Fine Arts Archives/Contrasto
Seite 178-179 Giovanni Dagli Orti
Seite 179 links Archivio Scala
Seite 179 Mitte Archivio Scala
Seite 179 rechts Archivio Scala
Seite 180 AISA
Seite 181 Eric Lessing Culture and Fine Arts Archives/Contrasto
Seiten 182-183 Eric Lessing Culture and Fine Arts Archives/Contrasto
Seiten 184-185 Eric Lessing Culture and Fine Arts Archives/Contrasto
Seite 184 Eric Lessing Culture and Fine Arts Archives/Contrasto
Seite 185 The Art Archive
Seite 186 Giovanni Dagli Orti
Seite 187 Mary Evans Picture Library
Seiten 188-189 Historical Picture Archive/ Corbis/Contrasto
Seite 188 Giovanni Dagli Orti
Seite 189 Henri Stierlin
Seite 190-191 Archivio Scala
Seite 191 Eric Lessing Culture and Fine Arts Archives/Contrasto
Seite 192 Eric Lessing Culture and Fine Arts Archives/Contrasto
Seite 193 oben Mary Evans Picture Library
Seite 193 unten Mary Evans Picture Library
Seiten 194-195 Eric Lessing Culture and Fine Arts Archives/Contrasto
Seite 195 Eric Lessing Culture and Fine Arts Archives/Contrasto
Seite 196 Archivio Scala
Seite 197 The Art Archive
Seiten 198-199 Eric Lessing Culture and Fine Arts Archives/Contrasto
Seiten 200-201 Archivio Scala
Seite 201 Bibliothèque Nationale de France, Paris
Seiten 202-203 Eric Lessing Culture and Fine Arts Archives/Contrasto
Seite 204 Double's/ICP
Seite 205 The Art Archive
Seite 207 The Bridgeman Art Library
Seite 209 The Bridgeman Art Library
Seiten 210-211 Eric Lessing Culture and Fine Arts Archives/Contrasto
Seite 210 Marcello Bertinetti/Archivio White Star
Seiten 212-213 Elio Ciol/Corbis/Contrasto
Seiten 214-215 Elio Ciol/Corbis/Contrasto
Seite 216 Roger Viollet Collection/ Archivi Alinari
Seite 217-218 Burstein Collection/ Corbis/Contrasto
Seite 218 Bibliothèque Nationale de France, Paris
Seite 219 Bibliothèque Nationale de France, Paris
Seite 220 Antonio Attini/Archivio White Star
Seite 220-221 Eric Lessing Culture and Fine Arts Archives/Contrasto
Seite 222 Bibliothèque Nationale de France, Paris
Seite 223 The Bridgeman Art Library
Seite 224 Archivio Scala
Seiten 224-225 Elio Ciol/Corbis/Contrasto
Seite 226 The Bridgeman Art Library
Seite 227 The Bridgeman Art Library
Seiten 228-229 Archivio Scala
Seite 229 Archivio Scala
Seiten 230-231 Archivio Scala
Seite 232 Archivio Scala
Seite 233 Archivio Scala
Seite 234 Itamar Grinberg/Archivio White Star
Seiten 234-235 Eric Lessing Culture and Fine Arts Archives/Contrasto
Seiten 236-237 Giovanni Dagli Orti
Seiten 238-239 Eric Lessing Culture and Fine Arts Archives/Contrasto
Seite 239 oben Topham Picturepoint/ Double's/ICP
Seite 239 unten Eric Lessing Culture and Fine Arts Archives/Contrasto
Seite 240 Itamar Grinberg/Archivio White Star
Seiten 240-241 Archivio Scala
Seiten 241-242 Arte & Immagini srl/Corbis/Contrasto
Seiten 244-245 Giovanni Dagli Orti
Seite 245 Archivio Scala
Seite 246 Eric Lessing Culture and Fine Arts Archives/Contrasto
Seite 247 Eric Lessing Culture and Fine Arts Archives/Contrasto
Seiten 248-249 Eric Lessing Culture and Fine Arts Archives/Contrasto
Seite 250 Archivio Scala
Seiten 250-251 Itamar Grinberg/Archivio White Star
Seiten 252-253 Archivio Scala
Seite 252 Antonio Attini/Archivio White Star
Seite 254 Itamar Grinberg/Archivio White Star
Seite 255 Archivio Scala
Seiten 256-257 Archivio Scala
Seite 257 Itamar Grinberg
Seite 258 Archivio Scala
Seiten 258-259 Archivio Scala
Seiten 260-261 Marcello Bertinetti/Archivio White Star
Seiten 262-263 Archivio Scala
Seiten 264-265 Itamar Grinberg/Archivio White Star
Seite 266-267 Giovanni Dagli Orti
Seite 267 Garo Nalbandian/Israel Images
Seite 268 Richard T. Nowitz/Corbis/Contrasto
Seiten 268-269 Giovanni Dagli Orti
Seite 270 Archivo Iconografico, S.A./Corbis/ Contrasto
Seite 271 oben Topham Picturepoint/ Double's/ICP
Seite 271 unten Archivio Scala
Seite 272 Antonio Attini/Archivio White Star
Seiten 272-273 Ghigo Roli
Seite 274 Itamar Grinberg/Archivio White Star
Seite 275 Archivio Scala
Seite 276 Giovanni Dagli Orti
Seite 277 Giovanni Dagli Orti
Seite 278 oben links Archivio Scala
Seite 278 oben rechts Archivio Scala
Seite 278 unten links Archivio Scala
Seite 278 unten rechts Archivio Scala
Seite 279 oben Archivio Scala
Seite 279 unten Archivio Scala
Seite 280 Giovanni Dagli Orti
Seiten 280-281 Giovanni Dagli Orti
Seite 282 oben Bibliothèque Nationale de France, Paris
Seite 282 unten links Bibliothèque Nationale de France, Paris
Seite 282 unten rechts Bibliothèque Nationale de France, Paris
Seite 283 links Bibliothèque Nationale de France, Paris
Seite 283 rechts Bibliothèque Nationale de France, Paris
Seite 284 Koren Ziv/Gamma/Contrasto
Seiten 284-285 Gyori Antoine/Corbis Sygma/ Contrasto
Seite 286 Antonio Attini/Archivio White Star
Seiten 286-287 Archivio Scala
Seiten 288-289 Eric Lessing Culture and Fine Arts Archives/Contrasto
Seite 290 Antonio Attini /Archivio White Star
Seiten 290-291 Archivio Scala
Seite 292 Archivio Scala
Seite 293 Antonio Attini/Archivio White Star
Seite 294 Archivio Scala
Seiten 294-295 Archivio Scala
Seite 296 Archivio Scala
Seite 297 Archivio Scala
Seite 304 Eric Lessing Culture and Fine Arts Archives/Contrasto

304 Maria Magdalene drückt ihr Gesicht in tiefer Trauer an das Antlitz des toten Messias. Botticelli schuf das Werk zwischen 1490 und 1492. Das Datum Jesu Tod lässt sich nicht eindeutig bestimmen. Gemäß den Evangelien starb Christus zur Zeit Pontius Pilatus', der im Jahr 36 entlassen wurde, da man ihn der Korruption beschuldigte. Auch das Jahr 33 käme in Frage, als Jesus etwa 35–40 Jahren alt war.